森田実の
永田町政治に喝！

財界さっぽろ

まえがき

北海道は私の人生にとって特別の意味をもつ地です。私が最初に長期旅行をしたのが北海道でした。１９５４年夏、私は大学の工学部鉱山学科の学生で、北海道の炭鉱で実習をすることになりました。上野駅から夜行列車で青森へ、青函連絡船で函館へ、そして札幌へ、さらに美唄へ向かいました。美唄の炭鉱で1週間の実習の後、住友赤平炭鉱、そして芦別炭鉱と3週間にわたって炭鉱の現場で働き、石炭産業の現実を知り技術を学びました。北海道の人々は、すべて誠実にして親切、よい人ばかりでした。

実習旅行は札幌で解散でした。私は北海道大学の寮に宿泊させてもらい、数日間、札幌の各地を見学し、洞爺湖へ立ち寄りました。帰路、仙台に途中下車し、東北大学の寮に泊めてもらい、帰京しました。東京に戻ってしばらくして悲劇的な洞爺丸事故が起きたことをニュースで知りました。この旅行がきっかけで、私は北海道が大好きになりました。チャンスがあれば北海道を訪れるようになり、北海道を訪れた回数は３００回を超えます。北海道にすばらしい多くの友人もできました。

私の政治研究の出発点は１９７４年参院選の研究でした。私は約1カ月間、北海道各地を取材し、調査活動をおこないました。私の選挙予測は的中しました。この体験があったからこそ、その後40年間、政治評論の仕事ができたと思っています。北海道は大恩ある大地です。

『財界さっぽろ』編集部からコラム執筆のご依頼があったのは、体力の衰えのため北海道旅行の回数が減った頃でした。北海道との強い縁を感じ、非常にありがたいと思いました。この数年間、毎月書きつづけてきたコラムを一冊の書籍として出版していただけることになりました。幸運を感じています。

私が政治評論の根底に置いているのは、政治の目的は「善」の実現にある、という信念です。政治は「善」の追求です。政治評論を書く時、私は、歴史上の人物が発した格言を用います。頻繁に使った格言を思いつくまま記します。

「政は正なり」（孔子）
「政の興る所は民の心に順うに在り。政の廃る所は民の心に逆らうに在り」（管子）
「民を尊しと為し社稷之に次ぐ」（孟子）
「政治の目的は善が為し易く悪の為し難い社会をつくることにあり」（グラッドストーン）

これらの格言は、政治が人間的な善の追求にあることを強調した言葉でした。政治をおこなう者、すなわち政治家にとって最も大切な要素は倫理的に卓越していること、知的に卓越していること、そして、つねに人民大衆の側に立つことの３つであると、私は繰り返し述べてきました。

とくに強調したいのは、政治家は倫理の面で優れていなければならないということです。

私は、本書で、このことをお伝えしたいと思います。

私は、本書をすべての衆参両院議員に読んでいただき、私の政治評論の魂を受け止めていただきたいと思います。

２０１７年10月23日　満85歳の誕生日に

森田　実

もくじ

はじめに 2

第1章 安倍一強体制に喝！

・衆院選挙後の新たな政治状況において何を為すべきか――憲法改正ではなく選挙制度改革を 10
・7・2東京都議選後――安倍一強体制崩壊を食い止めることはできるか 16
・深刻な政官界の堕落を正すため、政治の抜本出直しの衆院解散を！ 22
・安倍首相は皇室典範改正を躊躇してはならない 28
・問われる安倍政権の理性と自立精神 34
・安倍首相による「安保」から「経済」への政策大転換の「巧言令色」 40
・中国脅威論を振りかざして安保法案の成立に向かって暴走する安倍首相の「愚」 46
・安倍首相訪米のあやうさ「虎の威を借る狐」になってはならぬ 52
・2015年の政治展望――安倍首相は「中道」へ舵を切るべし 58
・安倍首相の姑息な二枚舌的行為は、中国、韓国の信用を失うだけです 64
・偏狭な反中国、反韓国ナショナリズムを煽る安倍自民党政治の危険性 70
・安倍首相らの「歴史修正主義」は、全世界を敵に回す大愚行です 76

第2章　矜持なき政治家に喝！

・政界では「李下に冠を正さず」は死語になってしまったのか⁉　84
・2017年は、すべての政治家の批判精神の有無と自立性が試される年　90
・2016秋政局の底で影響力を増す2017年初冒頭解散説、
　3大錯覚によって支配される政界の無原理・無原則　96
・北海道5区・衆議院補欠選挙に示された民意に学ぶべし、
　政治指導者は国民大衆の気持ちに敏感でなければならぬ　102
・4月24日、2つの衆院補欠選挙で問われるのは、政治倫理と政治家の資質である　108
・「平和と独立」を忘れた従米主義の政治家の跳梁跋扈を叱る　114
・無気力な国会議員にもの申す――「1人のガリバー（安倍首相）に対する
　600人以上の小人的国会議員たち」でいいのか？　120
・総選挙で誕生するのは「過激なタカ派政権」か
　「調和的保守・中道政権」か「自公民3党大連立」か　126
・尖閣諸島をめぐる領土紛争のみに興奮し、
　平和主義の大切さを忘れた愚かな民主、自民両党の政治家の大罪　132

第3章　平和主義を堅持できない政治に喝！

・平和と戦争の岐路に立たされた安倍政権　140
・安倍内閣による安保法制法案が成立した日、日本政府は米国政府の下請け機関となる　146
・日米首脳会談は日本国憲法第9条を踏みにじり、日本を無法国家・従米軍国主義国に変質させた　152
・平和憲法体制を解体し、米軍とともに戦争する軍事国家をめざす安倍首相流ショック・ドクトリン　158
・岐路に立つ日本――日本政府は平和中立主義を堅持するのか、それとも米国主導の有志連合に加わるのか　164
・日米同盟堕落論――解釈改憲という詐欺に溺れた安倍首相とオバマ米大統領　170
・2014年末までの日米防衛協力の指針改定で日本は従米軍国主義国になる　176
・安倍首相、高村自民党副総裁らが集団的自衛権行使容認の論拠としている「1959年12月16日の最高裁判決」の脆弱な根拠　182
・「東シナ海が世界でもっとも戦争の危険性が高い地域になっている」との米国の主要紙の見方を知っていますか？　日本が急激に戦時体制に向かいはじめているのを知っていますか？　188

・憲法第9条を改正しないままでの集団的自衛権行使容認の動きは
極端な冒険主義であり危険な賭けである　194
・日中の扉を開いた公明党の平和の使者としての役割を高く評価する　200

第4章　弱小野党に喝！

・野心過剰の権謀術数のみに長けた小池百合子氏に揺さぶられる永田町　208
・強い安倍政権はますます強く、弱い野党第一党の民進党はさらに弱く、
政権交代は夢のまた夢――新しい中選挙区制の導入を検討すべし　214
・民進党は単独政権を目指すべし！
衆院選でも野党共闘をつづけるようであれば永遠に抵抗政党になる　220
・野党の崩壊下で憂慮される安倍自民党政治の独裁化と軍国主義化　226
・6月23日の東京都議会議員選挙で惨敗し追い詰められた民主党に再生の道はあるか？　232
・民主党再生困難論にあえて抵抗します　238
・民主党は政権公約違反に対する国民の怒りを知れ　244

第5章　日本を覆うニヒリズムに喝！

・政局超安定下、しのび寄る東京エリートの倫理崩壊　252
・岐路に立つ日本——中国・アジア諸国と連帯すべし　258
・グローバリズムと反グローバリズムの衝突のなか、
日本はどう生きのびていけるのか考える時である　264
・中国・山東大学と沖縄・辺野古からみる日本の政治のあやうさ　270
・世界的視点と歴史的視野を失いつつある東京人／日中関係改善の時来たる　276
・「愛国主義・領土を守れ・中国脅威論」の大合唱は破滅への道だ　282
・政界はじめ東京の指導層の「自分さえよければ主義」を斬る　288
・しのび寄るニヒリズムへの警鐘　294

あとがき　300

第1章

安倍一強体制に喝!

衆院選挙後の新たな政治状況において何を為すべきか――憲法改正ではなく選挙制度改革を

2017年12月号掲載

「私はもっとも正しい戦よりも、もっとも不公平でも平和を好む」（キケロ）

戦争を阻止するために

北朝鮮危機は深刻な状況です。しかし、いかなる理由があろうとも戦争だけはしてはなりません。現在の日本の政治の最大の課題は、アジアにおける戦争を阻止することです。平和を守ることです。いったん戦争が始まれば、これを途中で止めるのは至難です。

かつてのソ連邦の指導者ニキータ・フルシチョフは「戦争は小銃の偶発から始めることができる。ところが、戦争を終結させることは、経験豊かな国家指導者でさえ容易なことではない。流血をとどめるのは、ただ理性だけだ」と言いましたが、これは正しい見方です。

いまの日本は大変あぶない状況にあります。安倍晋三総理の考えと行動に、私はあやうさを感じます。安倍総理は、ドナルド・トランプ米大統領が何をしようとついていくとの態度ですが、これは日本の国是である平和主義に反しています。安倍総理は自身が総理の時に憲法第９条の改正を含む憲法改正をおこなう方針ですが、これはアジア諸国をいたずらに刺激し、国際緊張を高めるおそれ大です。

ところが、２０１７年10月22日の衆院選において憲法改正勢力は、国会における改正発議を可能にする３分の２以上を占めることになってしまいました。私は、公明党は憲法第９条の改正には反対だと思っていますが、マスコミは公明党を改憲勢力と見なしています。これは間違っています。ただ、マスコミは自民党、公明党、希望の党、日本維新の会の４党が結束すれば３分の２を超えると報道しています。

多くの国民はマスコミのこの報道の影響を受けています。

10・22衆院選の読み方

野党の指導者たちは「野党が一本化し、小選挙区の候補を1人にしぼって、自公と1対1で勝負すれば勝てる」と主張し、実行しましたが、失敗しました。「政治は結果である」というのが政界の常識です。これは、指導的政治家は、よい結果が得られない場合、責任をとることを意味しています。しかし、野党指導者たちは、自分自身の責任を曖昧にしています。民進党の希望の党への合流を推進した前原誠司氏は辞任しました。小池百合子女史の信用は地に落ちましたが、けじめをつけるのを躊躇しています。醜い態度です。野党の最大の弱点は、責任をとる意思をもった指導者が不在という点にあります。野党の再建は日暮れて道遠しです。

自公連立の大勝の原因は、第1は野党の分解と自滅、第2は自公両党と支持者が危機意識をもって懸命に努力したこと、第3は多くの国民が北朝鮮の脅威を前にした国内の政変を望まなかったこと、の3点に整理できると思います。

安倍総理は今後どう動くか？

安倍総理と安倍内閣の閣僚たちは、一斉に「謙虚」を強調しています。謙虚の歌の大合唱をおこなっているようにみえます。しかし、自民党指導者の「反省」「謙虚」の強調はいまだけだと私は危惧しています。これは、いままで何度も繰り返されてきたことです。

安倍総理は２０１７年７月、内閣支持率の低下に衝撃を受け、国民に向かって謝罪の記者会見をおこない「謙虚にやります」と誓いましたが、野党側に隙ができるや電撃的に衆議院解散を断行しました。「反省・謙虚」発言は一時のポーズに過ぎなかったのです。安倍総理が憲法改正に向かって走り出すのは否定できないことだと私は予想しています。

安倍総理には、過去のすべての自民党のリーダーを超えて、自民党史上はじめて憲法改正を実行した総理として政治史に名を残したいという強い野心がある、と私は思っています。

過去において2人の総理が本気で憲法改正に挑戦しました。1人目は自民党の初代総理総裁の鳩山一郎氏でした。鳩山氏は衆議院において改憲の発議に必要な3分の2以上の議席数を確保するため、衆議院の選挙制度を小選挙区制に変えようとし、小選挙区制法案を国会に上程しました。1956年のことでした。しかし、小選挙区法案を成立させることに失敗し、挫折しました。

2人目が安倍総理の祖父の岸信介氏（第3代自民党総裁）でした。岸氏は1958年春、衆議院を解散し、3分の2をとるべく勝負に出ましたが、失敗しました。社会党が3分の1を少し上回る議席をとったのです。

岸内閣以後、19の内閣ができましたが、憲法改正を自らの内閣の具体的課題とする総理はあらわれませんでした。

安倍総理は、本気で憲法改正をやり遂げようとする3人目の総理です。安倍総理には「祖父・岸信介」の執念が乗り移っているのかもしれません。希望の党、維新などの野党が改憲の協力者になったことも、安倍総理を勇気づけているようです。憲法改正の発議に関してキャスティングボートを握っているのは公明党です。公明党が同調しなければ発議はできないと思います。

いま為すべき選挙制度改革

憲法改正は国民が求めていることではありません。憲法改正をしなければ、日本が直面する国難を突破できないわけではありません。憲法改正は安倍総理の個人的野心の問題です。憲法改正の強行は、中国などの周辺国を強く刺激します。やるべきではありません。

いま政界が真剣に取り組むべきは選挙制度と政治資金制度の見直しです。現在の小選挙区比例代表並立制と政党助成金制度は、１９９０年代前半につくられました。主要なマスメディアは政治改革を煽り立てました。

あれから20年が経過しました。しかし、この制度のもとで日本の政治は明らかに劣化しました。政党助成金制度は政党と政治家を劣化させました。この制度のもとで、政治は国民から遊離しました。政治的無関心層は増え、国民の政治不信は深まりました。選挙制度と政治資金制度を見直すべき時がきていると私は思います。いま為すべきは憲法改正ではなく選挙制度改革です。

7・2東京都議選後――安倍一強体制崩壊を食い止めることはできるか

2017年8月号掲載

「高慢には必ず墜落がある」（シェイクスピア）

「自民歴史的大敗」

２０１7年7月2日の東京都議選の結果を伝える7月3日の朝刊各紙の大見出しは、あたかも申し合わせたかのように「自民歴史的大敗」と書きました。「読売」「毎日」「東京」３紙の見出しの言葉は同じでした。「朝日」は「自民惨敗 過去最低」

です。

第2見出しも同じです。読売は「小池氏勢力過半数」、毎日は「小池系圧勝 都民フ第一党」、東京は「小池知事勢力が過半数」、朝日は「小池知事派過半数」です。

7・2東京都議選の結果は、各候補者と選挙事務所の担当者にとっても衝撃的なものだったようです。私の知る限り「自民党が大敗北する可能性は高い」との予想は数々ありましたが、「23まで落ちる」と予測した者はいませんでした。

「自民23議席」という数字は、予想をはるかに超えるショッキングな数字です。東京自民党は前回（２０１３年）の選挙では全勝でした。4年後、暗転したのです。自民党が短期間に自力で党再建を果たすのは困難だと認めなければなりません。東京都民は自民党を拒否したのです。

東京都民の自民党への嫌悪感は深刻なものでした。この自民党への嫌悪感は東京都民だけのものではありません。全国民の間に広がっているのです。国民感情の根にあるのは、安倍晋三首相ら政権幹部の「傲慢さ」への反発であることは明らかです。東京都民の間でささやかれた言葉は「驕《おご》れる者久しからず」でした。

安倍自民党は苦境を脱却できるか

自民党内では内閣改造を早めるとの案が検討されているとのことですが、目先を変えるだけの改造であれば無意味でしょう。「安倍一強」といわれている強大な政治権力の崩壊の原因は深刻なものです。

第1は、多くの都民が「安倍首相は信用できない」と考えるようになったことです。第1次安倍内閣の崩壊の原因となったのは、安倍首相の個人的な仲間だけを依《え》怙《こ》贔《ひい》屓《き》する体質への国民の強い嫌悪感でしたが、今回もこの国民感情が都民の投票行動を突き動かしました。

第2は、安倍首相の国民感情を無視する強引な政治手法への不満です。「加計学園問題」については見直さなければならないのに、強引に押し進めました。稲田朋美防衛相のたび重なる失言・暴言にも甘い態度をとりました。いわゆる「共謀罪」といわれた「テロ準備罪」の成立の仕方も、あまりに強引でした。政治権力者の依怙贔屓に対して、国民は強い不信を持つものです。

安倍首相が都議選の結果がもたらした政治的危機について鈍感であれば、安倍政権の崩壊は早まるでしょう。深刻な反省がおこなわれても危機からの脱却ができるかどうか不明ですが、少なくとも根本的な反省がなければ、安倍政権に希望は生まれないでしょう。

まず安倍首相がなすべきことは「依怙贔屓政治」の徹底的清算です。少なくとも「加計学園」と「稲田防衛相」の問題はすっきりさせるべきです。

さらに、安倍自民党政権と小池百合子都政との融和をはかることが大切です。安倍自民党と小池都政の対立が続けば、２０２０年「東京オリンピック・パラリンピック」の準備に悪影響をおよぼすでしょう。

これは日本の国際的信用を傷つけます。単なる安倍政権の存亡以上の大問題です。自民党と小池知事の和解は、なにがなんでも実現すべきことです。これは安倍首相の責任ですが、小池知事にも責任があります。

第３は、自民党と公明党との関係の完全な修復です。まず都議会自民党が公明党との修復の主導権をとる必要があります。その上で、安倍首相は政権内での公明党の役割を高める努力をおこなうべきです。小泉純一郎内閣時代には公明党は２つの閣僚ポストを占めていましたが、第2次安倍内閣では1ポストです。これは公明党の力量の過小評価です。改めるべきです。

自民党が公明党との関係を改善するためには、安倍政権は大胆な方向転換が必要です。自民党と公明党との不協和音を解消するためには、公明党支持者が納得できる方向転換でなければなりません。憲法改正プランなど安倍首相の強引な政局運営は修正すべきです。

小池知事は政権への政治的野心を抑えることができるか

小池氏は東京都政に集中しなければなりません。都知事1期か2期で国政に転換するような無責任なことはすべきではありません。こんなことはできないと私は思います。首相への政治的野心は捨て去るべきです。

いま必要なのは「和」です。

2020年東京オリンピック・パラリンピックの準備は遅れています。1964年の東京オリンピック3年前の1961年頃には、東京オリンピックに向かって政界は団結していました。全国民が東京オリンピック成功に向かって盛り上がっていました。

しかし、２０１７年のいま、残念ながら国民的盛り上がりはありません。オリンピック施設の建設も遅れています。このままでは、労働賃金や資材の高騰によって建設費用は大幅に上がるおそれがあります。

大切なのは協力です。安倍首相とともに小池知事にも責任があります。政界の「和」の実現を急ぐべきです。この鍵を握っているのは、自民党の二階俊博幹事長と公明党の山口那津男代表です。東京都議選でパーフェクト勝利をした公明党は、都政でも国政でもキャスチングボートを握っています。

今後の政局において注目すべきは２人の調整役です。

安倍政権は危機に立たされています。政府危機です。この難局を克服するには、少なくとも公明党との完全修復が必要です。

深刻な政官界の堕落を正すため、政治の抜本出直しの衆院解散を！

2017年5月号掲載

「息の香の臭きは主知らず」（日本の諺）

政治指導者とエリート官僚の堕落

自分の欠点・短所は気づきにくいものです。いまの日本の政治はひどい悪臭を発し、政治家も官僚も自らが発する悪臭に気づかないようです。

最近の国会と政府は異常です。安倍晋三総理をはじめほとんどの与党政治家が、いま政治が何を為すべきかを考えることなく、安倍総理夫人を守ることだけに汲々としています。森友学園問題をめぐる政府・財務省の対応は、国民の常識から離れてしまっています。

私たちの社会は、道義と健全な社会常識と法で成り立っています。大阪府の国有地売却について財務省幹部は「法律に違反していない」「記録の廃棄は省の内規に違反していない」と繰り返していますが、財務省が為したことは、道義的にも、健全な社会常識にも反しています。本来、国有地売却に関する記録資料は残すべきものです。「すぐに廃棄処分にしても罪とはならない」ことを理由に自己弁護を繰り返す財務省幹部はどうかしています。

「法や役所の内規に反しなければ何をしてもかまわない」と財務省の幹部が考えているとしたら大変なことです。この道義を放棄したような財務省エリート官僚を擁護する安倍内閣と自民党もどうかしています。

森友学園問題はもともと異常な事件です。森友学園の小学校新設要求は、萌芽のうちに摘み取るべきでした。大阪府のレベルで終止符を打つべきことでした。しかし、内閣の命運を左右するかもしれない重大事件に発展してしまいました。この最大の原因は安倍総理の発言にありました。安倍総理はこう言ったのです。

「私も妻も関係したということになれば、総理大臣も国会議員もやめる」

この発言が大阪府における異常な国有地買い取りというローカルな問題を内閣の存亡にかかわる大問題としてしまったのです。

もう1つ、安倍総理が「総理夫人は私人である」と断言したことも騒ぎを大きくしました。確かに総理夫人は公務員ではありません。国から給料をもらっていません。この意味では私人なのですが、しかし、総理とともに海外を訪問する時は外交官の旅券が与えられ、総理夫人を常に国家公務員が補佐しているのです。総理夫人は私人と公人の両面をもっているのです。

国民からみれば、森友学園問題は異常事件です。財務省が「法に反していない」と何度繰り返しても、健全な社会常識と道義に反することが、政府によっておこなわれたのです。政府は国民が納得できないことをしているのです。

与党政治家やエリート官僚が「法律違反にならなければどんな非常識なことをしてもかまわない」と考えて政治と行政をおこなっているとしたら、正義は成り立ちません。

日本の政治の出直しが必要

最近の地上波テレビが取り扱っている2大ニュースは、第1が森友学園問題、第2が小池百合子東京都知事と豊洲市場問題です。東京都の混乱の最大の原因は、東京都政と東京都のエリート官僚の無責任によります。東京都エリート官僚の無責任は底なしです。豊洲問題に関する資料すら残っていないのです。市場を築地から豊洲に移転するという東京都にとって重大問題を誰がどのように決めたか、ということすら不明確なのです。

森友学園問題と東京都の混乱の底にあるのは、東京エリートの道義的頽廃・堕落・責任感の欠如なのです。

最近は日本を代表する大企業の不祥事が連続して起きています。東芝、電通、三菱自動車などに起きていることは、各企業のトップの堕落です。政府、官界、経済界の大組織が頭から腐ってきているのです。そのなかでも、政界、官界の腐敗・堕落は放置できないことです。

日本の政治の出直しが必要な時です。ゴールデン・ウィーク前に衆議院を解散し、6月上旬の日曜日に投票するのがよいと思います。日本の出直しのための衆院解散・総選挙を断行すべきです。

安倍内閣にとっての前門の虎・後門の狼

森友学園問題は安倍首相夫妻にとっては悪夢のような出来事かもしれませんが、この問題は簡単には終わりません。多くの国民が、政府・財務省がおかしなことをした、と思っているからです。

最近、外務省の存在感が薄れてしまっています。世界情勢が混迷し第3次世界戦争の危険性が増しているいま、政府は外務省を立て直して、日本外交を再構築し、平和外交を強化すべきです。アジア情勢が軍事的危険を増大するなか、話題は防衛省と防衛問題ばかりですが、これはあまりにも異常です。外交がないのです。戦争の危機を回避するためには、まず外交努力をおこなう必要があります。外交力の強化が、いま日本にとって大切なことなのです。

隣国の中国との関係は悪化していますが、これはきわめて危険です。日本と中国が戦争したら日本は潰れてしまいます。安倍内閣は中国との関係改善をはからなければなりません。日本政府の最大の課題は東アジアの平和のために外交力の強化です。

今年は、世界の主要国が自国の体制を整備する年です。とくに夏までが準備期間です。日本はこの間に政治の抜本的出直しをおこなうべきです。日本も総選挙をおこなうことによって政権の抜本的出直しをおこない、国内体制の整備をはかるべきです。

安倍政権にとっては森友問題が前門の虎としますと、小池都知事の政治への挑戦が後門の狼になっています。安倍総理がこれらの問題についてケジメをつけようとせず、難問を未来へ先送りすれば、政治の混乱・混迷は長期化するおそれがあります。テレビ劇場政治は危険です。日本政治はポピュリズムから脱皮すべきです。安倍総理は、政治の原点に立ち返り、政治の抜本的出直しを考えるべきです。

安倍首相は皇室典範改正を躊躇してはならない

「過ちて改めざる、是を過ちと謂う」（孔子）

2016年10月号掲載

波乱含みの秋の政局

「月満ちれば食《か》く」（『易経』）という言葉があります。２０１２年12月に発足した安倍晋三内閣は、その後の国政選挙で勝ちつづけています。野党の不甲斐なさに助けられているとはいえ、第２次大戦後の日本の政治史において、もっとも安定した政権と見てよいと思います。

しかし、どんなことも長続きはしません。安倍政権の安定もいつかは崩れます。私は、安倍政権はいまが頂点ではないか、この秋に安倍内閣という満月が欠け始めるのではないか、と予想しています。

安倍政権の最大の弱点は経済です。アベノミクスの成果が不十分なのです。世界経済の動向が大きな壁になっています。弱すぎる野党にも復活の兆しが見えます。野党第一党の民進党は年金問題を中心にすえて反撃を始めるでしょう。これから安倍内閣にとっての苦難の時が始まると私は予測します。安倍首相が安定を維持するためには、公明党との協力関係を強めることと、二階俊博自民党幹事長との一体的関係を築くことが大切ですが、もっとも大事なことは政権の延命を意識することなく、為すべき課題に真剣に取り組む姿勢を貫くことです。

安倍首相がいま為すべきは、重要課題の1つである皇室典範改正に誠心誠意取り組むことです。小泉純一郎元首相ですらできなかった皇室典範改正問題を決着させてこそ、安倍内閣は歴史的に意味ある政権になることができるのです。

1つは、2016年8月8日に天皇が記者会見で国民に訴えた「生前退位（譲位)」の法制化です。いまの法体系のままでは「生前退位(譲位)」は許されません。これを可能にするには、皇室典範改正と現天皇だけに適用する特別立法の制定という2つの道がありますが、皇室典範改正が本筋でしょう。

もう1つは、8月25日に二階幹事長がBS朝日の番組で語った「女性天皇容認」の問題です。女性天皇を可能にするためには、皇室典範の改正が必要です。

皇室典範第1条は「皇位は、皇統に属する男系の男子が、これを継承する」です。この第1条を改正しない限り、女性が天皇になることはできません。

二階幹事長は「女性尊重の時代に(女性は)天皇陛下になれないというのはおかしい。各界で女性が活躍しているのに、女性天皇が適当でないというのは通らない」と述べましたが、これは日本国民の健全な常識を代表する考えです。ほとんどの国民は女性天皇容認の考えに立っているにもかかわらず、皇室典範のこの規定のために非常識が罷《まか》り通っているのです。

この二階幹事長の発言を受けて、菅義偉官房長官は8月26日の記者会見で「男系継承が例外なく今日まで維持されてきた重みを踏まえながら、安定的な皇位継承の維持について考えていく必要がある。(皇位継承は)国家の基本にかかわることでありきわめて重要な問題。この問題は慎重かつ丁寧に対応する必要がある」として慎重姿勢を示しました。安倍首相の立場を代弁したように私は感じました。

しかし、安倍内閣は皇室典範改正問題から逃げてはなりません。いまこそ皇室典範改正に取り組み、「生前退位（譲位）」と「女性天皇容認」という2つの重要問題に決着をつけなければならないと思います。

皇室典範は日本国憲法の枠内でなければならない

日本国憲法が発効したのは1947年（昭和22年）5月3日でした。この時、私は旧制中学3年生でした。熱血漢の社会科の教師の影響を受け、日本国憲法を暗記するほど読みました。この結果、私は日本国憲法が非常によくできた憲法だと考えるようになりました。

1953年春、私は東京大学教養学部自治会の常任委員として平和憲法を護るための帰郷運動を提案し、責任者になりました。東大法学部、教養学部、文学部、経済学部などの教授、助教授、講師に協力を要請し、護憲講師団を編成し、全国各地で新憲法講演会を開催しました。私自身も郷里の伊東市で護憲講演会を開催しました。

1956年、1957年の砂川米軍基地反対運動に際しては、反対する根拠を日本国憲法第9条におきました。日米安保条約（第1次）とそれにもとづく行政協定は憲法違反である、と主張しました。その後、出版社の編集者になってからも憲法に関する研究と出版に取り組みました。

皇室典範改正は安倍内閣に課せられた歴史的使命

皇室典範が法律として制定されたのは1947年でした。日本国憲法制定と同時期でした。このため日本国憲法とは整合性に欠ける法律（皇室典範）がつくられたのです。1949年に改正された時、日本国憲法に反する条項は改正すべきでしたが、根本的改正はしませんでした。

日本国政府が1945年にポツダム宣言を受諾した時に、わが国は民主主義国に転換しました。同年9月2日に降伏文書に調印し、政治権力が連合軍司令長官のダグラス・マッカサー元帥に移った直後、日本は男女同権を国是にしました。１９４７年に発効した日本国憲法は男女同権の憲法です。日本国憲法下の法律である皇室典範が女性天皇を禁止しているのは憲法違反だと私は考えてきました。

日本国憲法第98条は「この憲法は、国の最高規範であって、その条項に反する法律、命令、詔勅および国務に関するその他の行為の全部又は一部は、その効力を有しない」と規定しています。日本国憲法の理念に反する「皇室典範」を法制化したことは70年前の指導者たちの過ちでした。この過ちを、これ以上放置してはなりません。

高齢の天皇が希求されている「生前退位（譲位）」と大多数の国民が支持している「女性天皇」容認を可能にする皇室典範の改正は、安倍内閣に課せられた歴史的使命だと私は考えています。

安倍首相自身を支えてきた自民党の過度の伝統重視派は皇室典範の改正に消極的ですが、安倍首相は大所高所に立ってこの問題に対処すべきです。皇室典範の改正は２０１６―２０１７年の内閣の最大課題にすべきです。安倍首相が勇気ある選択をすることを求めたいと思います。

問われる安倍政権の理性と自立精神

2016年3月号掲載

「勝利は同じ人間の上には永くとどまることはない」（ホメロス）

2007年の悪夢は繰り返す!?

2016年1月下旬、「甘利スキャンダル」が政界での大きな話題になった時、私の間近で「2007年の悪夢」が話題になりました。悪夢とは、2007年夏の参院選での自民党の大敗と、第1次安倍内閣の総辞職のことです。安倍晋三首相は参院選敗北の責任をとる形の辞職を拒みましたが、２カ月後に病気が原因で退陣しました。

１９８９年の消費税導入直後の衆院選で自民党は大敗北し、時の宇野宗佑内閣は総辞職しました。この９年後の１９９８年の参院選は、消費税引き上げがテーマでしたが、自民党は敗北し、時の橋本龍太郎内閣は総辞職に追い込まれました。さらに９年後の２００７年夏に「２００７年の悪夢」が起きました。

１９８９年以後、９年周期で参院選敗北による政権交代が起きています。９年周期は偶然の政治現象かもしれませんが、今年が自民党にとっての厄年になります。しかし、「第2次」以後の安倍内閣は絶好調です。２０１２年と２０１４年の衆院選に大勝利しました。２０１３年の参院選も大勝利。２０１５年の統一地方選挙も勝ちました。こんなことは戦後70年間、例がありません。選挙ごとに日本国民のバランス感覚の作用によって、すべての大型選挙での政府与党の連続勝利はなかったのです。「第2次」以後の安倍内閣が、はじめて成し遂げたのです。主たる原因は、野党第一党の民主党が潰滅状態から立ち直っていないことにあります。安倍首相は２０１２年12月の総選挙以後一人勝ちを続けているのです。

問題は2016年夏の参院選です。2つの予想があります。1つは「安倍首相の勝利は続く」というもの。もう1つは「2007年の悪夢は再現する」というものです。私の予測は後者です。私はホメロスと同じ歴史観に立っています。安倍政治の挫折は2016年夏に訪れるというのが私の予測です。安倍政治の上昇期は終わり、下降期に入っているのです。この曲がり角で「甘利スキャンダル」が表面化しました。

2007年夏の参院選では、安倍首相の「戦後レジームからの脱却」と小沢一郎民主党代表の「政治は生活」の対決でした。この勝負は小沢一郎民主党の完全勝利に終わりました。

2016年夏の参院選に、安倍首相は「憲法改正」の旗を立てようとしています。これに対して岡田克也民主党代表は「国民生活向上と格差是正」で対抗すると思います。この勝負は、アベノミクスが成功すれば安倍首相の勝ちに終わります。岡田民主党の挑戦は空振りに終わります。2016年夏の日本経済の状況によって勝負は決まるでしょう。

再び流行しはじめた「政治は生活」という言葉

最近、私は講演のため全国各地を旅していますが、国民生活は改善されていません。逆にじわじわと苦しくなっているような感じがしています。2007年に小沢一郎民主党が掲げた「政治は生活」の声が地方に広がりつつあるのです。岡田民主党が堂々と「政治は生活」「格差是正」「安倍首相の憲法改正反対」の旗を立てて戦えば、民主党に勝利があるというのが、私が地方で感じていることです。

安倍首相は最近、参院選のメーンスローガンに「憲法改正」を掲げる考えを強調しています。政界ではこれを安倍首相の強い自信の表れとの見方が一般的ですが、私は異なる見解です。安倍首相は、アベノミクスだけでは危ないと考えているのではないかと感じられるのです。弱気の反映だと思います。

最近アベノミクス挫折説が語られるようになっています。世界経済の混乱・混迷のなかに日本経済は巻き込まれているのです。多くの国民がアベノミクス失敗論をとれば安倍首相は危機に立たされます。「憲法改正」を前面に押し出してきたのは、安倍首相がアベノミクスに自信を持てなくなっていることの証左ではないかと私は思うのです。

岡田民主党が「生活第一」に徹し、右顧左眄することなく真っ直ぐに突進すれば、勝利を呼び込むことは不可能ではないと思います。岡田民主党は野党の候補者調整など些細なことにとらわれるべきではないのです。大切なのは、迷うことなく、真っ直ぐに進むことです。

米国一辺倒の安倍政権のあやうさ

安倍政権の政治の基本は日米同盟の一体化です。なにを決めるのにも米国政府の意向に従います。しかし、安倍政権にとって親ともいうべき米国政府が乱れはじめています。

2016年は米大統領選挙の年です。選挙情勢は混沌としていますが、もしドナルド・トランプ氏のような調和の精神に欠けている人物が米国大統領になったら、世界は混迷するでしょう。安倍政権は「米国さえよければ主義」のトランプ政権にひれ伏すのでしょうか。

いま日本の政治に求められているのは自立の精神の確立です。自立の精神をもって、世界各国と平和友好関係を結ぶことです。

安倍首相がこの3年間やってきた外交は、明らかに中国包囲網づくりでした。日米同盟の力で中国を抑え込む、という外交戦略をとってきました。

今日の日中関係は、二階俊博自民党総務会長や山口那津男公明党代表らの議員外交努力によって支えられてはいますが、中国政府の安倍首相への不信感は尋常なものではありません。

米国政府内部には、アジアで戦火を起こそうと考えている政治家や軍人がいます。東シナ海と南シナ海において軍事衝突が起こる危険があります。この時、米国政府が日本政府に対して自衛隊の軍事出動を強く求めてくる可能性があります。安倍首相はどうするのでしょうか。断れるでしょうか。

いまの日本の政治の危険性は、安倍首相が理性を失って暴走することです。安倍政権に法を守る精神を放棄しないように国民世論を高めることが必要です。いま問われているのは、安倍政権の理性と自立精神です。

安倍首相による「安保」から「経済」への政策大転換の「巧言令色」

2015年11月号掲載

「巧言令色鮮し仁」（孔子）

「アベノミクス、第2ステージへ」？

自民党は、2015年9月24日に両院議員総会を開き、安倍晋三首相の党総裁の再選を正式に承認しました。これを受けて安倍首相は党本部で記者会見をおこない、今後の政権運営について「経済第一でいく」の方針を明らかにしました。本当でしようか？

「少子高齢化に歯止めをかける。これからも経済優先でいく」

経済再生と社会保障の充実を優先させるとの考えを強調し、安倍政権の経済政策・アベノミクスは「第２ステージに移る」と述べました。「強い経済」「子育て支援」「社会保障」を「新しい３本の矢」との位置づけを示しました。

安倍首相は日本を「１億総活躍社会」にするとの方向を示し、国内総生産（GDP）を６００兆円にすることを明言、子育て支援では希望出生率１・８、社会保障では介護離職ゼロの数値目標を掲げました。

日本国民は安倍政権と自民党に甘い

安倍首相は、国民の批判の強い安保法制の強引な成立と国民の強い批判については一言も触れることなく、また、今日までのアベノミクスの業績評価もおこなわないまま、今後の経済政策だけを一方的に語った記者会見でした。

安倍首相の政治的な狙いは明らかです。安保法制の強行で落ちた人気を経済優先で挽回しようとの意図が感じられました。また国民の心を「経済再生」で釣るのでしょうか？

安倍首相の総裁再選記者会見の直後、政界通の友人のH君から電話がありました。H君はこう言いました。

「国民は安倍首相の詭弁にこれ以上だまされることはないでしょうね。ただ、日本国民は安倍政権と自民党には甘いですから、心配です」

安倍首相は「経済再生・アベノミクス」を掲げて、２０１２年12月の総選挙に勝ち、政権を獲得しました。さらに、アベノミクスの大宣伝により２０１３年秋の参院選を勝ちました。２つの国政選挙に勝った上、安倍政権は高い支持率を実現し、強大な政権となりました。すると安倍政権は、この強大な力を使って特定秘密保護法を強引に成立させました。この直後、安倍内閣支持率は低下しました。

安倍首相は再び経済中心政策を強調しはじめました。そして２０１４年12月、消費税10％への引き上げ時期を先延ばしすることについて国民の審判を仰ぐとして衆議院を解散し、衆議院議員選挙を強行しました。民主党内閣時代に決定した消費増税の時期を先延ばしすることを理由とする総選挙です。負けるはずのない選挙をおこなったのです。自民党の議席は、ほぼ現状を維持しました。安倍首相はまたも勝利し、支持率を回復しました。自民党は2015年春の統一地方選挙でも勝ちました。2つの衆院選と参院選、さらに統一地方選の4大選挙すべてで安倍自民党が勝ったのです。強大な政権になりました。

仏の顔も三度

安倍首相は、この強大な権力を使って勝負に出ました。解釈改憲による安保法制の制定です。限定的とはいえ集団的自衛権行使容認に踏み出しました。2015年夏から秋にかけての長期国会で安保法制は成立し、安倍首相は念願の日米軍事同盟強化を達成したのです。

しかし、安倍内閣は国民からの厳しい批判を受け内閣支持率は30％台にまで低下しました。安倍首相はその挽回のため、3度目の経済優先方針を打ち出しました。安倍首相は「アベノミクス、第2ステージへ」「1億総活躍社会」「国内総生産600兆円目標」「希望出生率1・8」の大風呂敷を広げたのです。

H君は電話の向こうから「日本国民はまた安倍首相にだまされてしまうのでしょうか?!心配でなりません」と叫びました。

私は「仏の顔も三度だと思います。国民の安倍首相を見る目は明らかに変わってきています。2016年夏の参議院議員選挙で安倍首相に、いままで国民をだました責任を取らせなければならないと思います」と答えました。

問題は野党、とくに民主党の再生

安倍内閣は世論操作のプロを集めているといわれています。たしかに過去のどの内閣よりも世論操作が巧みです。しかし、今回は困難ではないか、と私は感じています。多くの国民が目覚めました。その上、経済状況がよくないのです。大マスコミを使って「アベノミクスは大成功」と大騒ぎしても、国民は信用しなくなっているからです。

最近、私は全国各地を旅していますが、東京の中心地以外では、景気は悪化しています。9月末に北海道の札幌と小樽へ行き、車で街中を走りまわり、街の様子を見てきましたが、経済が劣化しているとの印象をもちました。関西も中国、四国、九州も、景気は下降局面にあります。経済が悪くなれば、国民の政権への支持は低下します。

２０１６年夏の参院選は日本にとって「天下分け目の関ヶ原」になるでしょう。政局が転換できるか否かは、野党の再生ができるか否か、にかかっています。とくに野党第１党の責任は重大です。私は、すべての野党が一斉に解党し、２０１６年夏の参院選で勝つための「反安倍国民連合党」を結成し、２０１６年夏の決戦に駒を進めるべきだと考えています。野党の諸君、頑張ってください。

中国脅威論を振りかざして安保法案の成立に向かって暴走する安倍首相の「愚」

2015年9月号掲載

「あらゆる恐怖の中で、もっとも恐るべき恐怖は、狂気にとりつかれた人間である」（シラー）

安倍首相の対米公約を守るため中国脅威論で暴走

安倍晋三首相は、衆議院段階では「中国脅威論」を述べても「中国」という固有名詞を使うことは避けてきました。外交上の礼儀を少しだけ意識していたのです。

しかし、安保法案の衆院通過後、世論の激しい反発が起き、安倍内閣の支持率が下降し、安保法制への反対が急増しました。追いつめられた安倍首相は、曖昧にしてきた「中国」への公然たる非難を露骨にはじめました。反安保法制、反安倍に傾きはじめた国民の意識を、中国脅威論によって、安保法制支持、安倍支持の方向に変えようとしているのです。しかし、これは大きな賭けです。安倍首相は国が守るべき外交上の礼儀をかなぐり捨てたのです。その上、安倍首相は中国との平和共存を否定しているのです。

安倍首相の本音は「中国と敵対し、日米軍事同盟の力で中国を軍事的に抑え込もうとすることにあり、中国が抵抗すれば戦争をも辞さないところにある」との見方は、以前からありましたが、少数意見でした。しかし、安倍首相自身が中国脅威論を声高に叫びはじめたことによって、この見方が当たっているとの観測が広がっています。安倍首相は、今回の安倍政権の安保法制の本質が中国との対抗にあることをはっきりさせたのです。

安保法案を今国会で成立させることが米国政府、米国議会に対する安倍首相の公約です。この公約を果たさなければ、安倍首相は米国政府の支持を失うおそれがあります。そうなれば、安倍内閣はもたないでしょう。総辞職もありえます。これを避けるために、安倍首相は隣国の中国への非難を公然とおこなうという、外交上してはならないことをはじめたのです。これは戦争をすることによって自らの政権を守ろうとするに等しい狂気的行為です。今後どうなるか？

この点についてすでにいくつかの暗い見方が出はじめています。

1つは、安倍首相は中国政府、中国国民を挑発する刺激的な「70年談話」を発表し中国との対立を煽る、という見方です。中国が怒れば安保法制を成立させやすくなると考えているとすれば非常に危険です。ただし、この道はとれないと思います。

もう1つあります。安倍首相は東シナ海、南シナ海において自衛隊と外国軍隊との軍事演習をおこない、中国人民軍と自衛隊の軍事衝突が起これば、安保法制の成立は可能になるとの見方です。安倍首相は、米国政府と米国議会への忠誠を尽くすため、中国との軍事衝突の準備に入りつつあるのでしょうか。そうだとすれば「狂気」です。

ただし、この安倍首相の追いつめられた上での、外交礼儀を踏みにじる道理なき「中国脅威論」の大騒ぎは、日本の国際的な位置を低下させるでしょう。

昔からすべての侵略的軍事行動は自国防衛の名目でおこなわれてきました。自らが進めている安保法制を中国への防衛のためだと言っていますが、中国国民はそうは思わないでしょう。

自民党・公明党の一枚岩体質の気味悪さ

最近、国民の中から「自民党という政党は気味が悪い。一枚岩のファッショ政党のようだ。安倍首相が『右』と言えば右、『左』と言えば左。自民党は安倍首相一人の独裁政党だ。自民党内に批判者はいないのか」との声が出てきています。

安倍首相が何をしても、どんな発言をしても、自民党の国会議員は安倍首相に無批判に追従しているのです。公明党も、安倍首相がどんな過激な発言をしても沈黙しています。一時、山口那津男代表が批判的発言をしたことがありますが、いまはおとなしくなったように見えます。安倍首相がホルムズ海峡に機雷掃海のため自衛隊を派遣すると発言しても、公明党執行部は沈黙したままでした。平和の党として「和して同ぜず」（孔子）を貫いてほしいと思います。

自民党は気味の悪い二枚舌の党内民主主義なき政党になってしまったようにみえます。党内に言論の自由も党内民主主義もありません。安倍首相が絶対者になってしまっているのです。

公明党についても同じことが言えそうです。国民の間から「公明党は自民党の一部になってしまったのか、自らを『平和の党』と言ってきたが、安倍首相と一体化して平和主義を捨ててしまったのか」という疑問の声が増えています。このままでは国民がどんなに反対の声をあげても、無批判で鈍感な与党国会議員によって安保法案は成立するおそれ大です。与党のなかから批判が出ないという現実は異常です。

3つのシナリオ

安保法制の今後の展開について3つのシナリオが考えられています。

第1は、安倍首相完全勝利、というシナリオです。安保法案無修正成立、安倍内閣健在というものです。中国脅威論で安保法制を成立させたことにより、日中関係は緊張するおそれがあります。安倍首相が勝てば、安倍政権は2016年夏の参院選で審判を受けます。安倍政権は米国との協調と自己の延命のためならどんなひどいこともやってしまう節度なき政権です。新安保法とともに安倍政権が存続することは危険です。

第2は、1960年安保の歴史を繰り返す、というシナリオです。安保改正は実現しましたが、岸内閣の命運は尽きました。2015年夏、60年安保と同じことが起きるという見方です。

第3は、1952年の破壊活動防止法（破防法）国会型で、修正可決です。この修正で破防法は骨抜きになりました。修正協議が本格化すれば、1952年と同じような事態が起こるかもしれません。ただし、安倍首相は無修正にこだわるでしょう。2015年9月は歴史の岐路です。

安倍首相訪米のあやうさ「虎の威を借る狐」になってはならぬ

2015年5月号掲載

「あらゆる堕落のなかでもっとも軽蔑すべきものは――他人の首にぶらさがることである」（ドストエフスキー）

ポツダム宣言12項の約束を果たさない米国政府

米・英・支3国宣言「ポツダム宣言」を、大日本帝国が受諾してから69年8カ月がたちました。ポツダム宣言を受諾して降伏した日本は、忠実にポツダム宣言を守り実行しました。しかし、唯一の占領軍となった米国政府はポツダム宣言12項の約束を果たしていませんし、果たす意思はないように見受けられます。米国政府は、自らが作成したポツダム宣言を踏みにじったのです。今日もなお履行しようとしません。12項を引用します。

《十二、前記諸目的ガ達成セラレ且日本国国民ノ自由ニ表明セル意思ニ従ヒ平和的傾向ヲ有シ且責任アル政府カ樹立セラルルニ於テハ聯合国ノ占領軍ハ直ニ日本国ヨリ撤収セラルベシ》

米占領軍は日本から撤退せず

日本はポツダム宣言を忠実に守り、日本国民の自由な意思にもとづき平和的傾向をもつ責任ある政府を樹立しました。にもかかわらず、米国政府は、日本から占領軍を撤退させようとしませんでした。１９５１年に日本に強引に受け入れさせた（第１次）日米安保条約によって、日本の米軍占領を合法化したのです。第１次安保条約の調印は国民に秘密にしたままおこなわれました。国会で議論すらおこなわれませんでした。日本国民にも日本の議会にも、すべてを秘密にしたまま、米国政府は吉田茂首相に調印を迫ったのです。吉田首相は屈服しました。すべて違法行為でした。

しかし、第1次安保条約があまりに非民主的で強引なやり方でなされたために、違法条約との疑惑が生じました。この結果、9年後に日米安保条約を改定しました。これが1960年の日米安保改定条約です。この改定条約によって米軍の日本占領は恒久化されてしまいました。当時の岸信介首相は日本を米国政府と米軍の支配下におく道を合法化し恒久化したのです。

第2次大戦後70年にわたって米国政府・米軍の支配下におかれ続けてきた日本の政治は、日本の米国への従属関係を固定化した日米同盟に頼りきってきました。日本は米軍という虎の威を借る狐になってしまったのです。米国政府は、日本を永久に米国の属国とするため、ポツダム宣言12項を守らず、違法な第1次安保条約を日本に押しつけ、従米政権の岸内閣を使って安保改定をおこなわせたのです。そして、独立国の意識を失ったほとんどの日本の各内閣は、米国政府の首にぶら下がって生きる道をとってきたのです。

日本国憲法を踏みにじる安倍政権

安倍晋三政権以前の政権は、自衛隊の海外活動には慎重な態度をとりました。岸、佐藤栄作、中曽根康弘、小泉純一郎など従米的性格の強い政権ですら、自衛隊の海外派兵だけには慎重でした。しかし、安倍政権は諸々の口実を設けて、地球上のどの地域にも自衛隊の行動範囲を広げようとしています。もちろん、米軍の補完軍事部隊として行動するのです。日本の自衛隊は米軍の一部になるのです。

これによって日本国憲法第９条は踏みにじられました。日本国憲法第９条を露骨に無視し、自衛隊を「わが軍」と公然と呼ぶ政権は安倍内閣がはじめてです。安倍政権は従米軍国主義をめざしています。

安倍内閣は４月中旬から自衛隊を海外に派兵するための新しい安保法制の法案作成に入ります。公明党がパートナーですが、私は、公明党が「どこまでも安倍首相についていきます。たとえ平和の党でなくなっても安倍首相からは離れません」という態度をとらないと確信しています。公明党はあくまで平和の党でなければなりません。どんなことがあっても安倍首相と一緒に「戦争する国・日本」にするため日本国憲法第9条を踏みにじるようなことはしないと信じます。

同じことを民主党などの野党と東京の大マスコミにも求めます。国会は安倍首相の暴走を止める役割を果たすべきです。東京の大マスコミは、安倍従米軍国主義を批判すべきです。御用新聞、御用テレビになってはいけません。

安倍首相2015年4月〜5月訪米の意味

安保法制の整備のための法案づくりとともに、日米防衛協力のためのガイドライン改定がおこなわれます。私は、日本にとってひどいことにならないのを祈るような気持ちでこの成り行きを注視しています。日本の自衛隊は米軍の一部にされ、米軍の世界戦略のジュニアパートナーにされてしまうおそれがあります。

そして、4月末の訪米。5月初めの日米首脳会談です。心配されるのは従米軍国主義者の安倍首相が米国政府の数々の要求を飲まされて、米国政府に全面的に屈従することです。このおそれ大です。日本国民の監視と批判が必要です。

日本は、安倍政権が「歴史修正」という愚かな道に迷い込んだため、世界の孤児になっています。第２次大戦前と大戦中の大日本帝国軍隊の行為を美化しようとする安倍首相の試みは、世界中から軽蔑されています。バラク・オバマ大統領と米国政府は、世界中から異常な政権とみられるようになってしまった世界の孤児・安倍首相を抱きかかえることによって、日本の独裁者となった安倍首相を米国政府の思いどおりに動かそうとしています。安倍首相は、自ら米国政府がつくった罠の中に飛び込もうとしているのです。

いま安倍首相が狙っているのは長期政権への道です。安倍首相の胸の内には、戦後日本の首相（吉田茂、岸信介、佐藤栄作、中曽根康弘、小泉純一郎ら）を超える安倍超長期政権の実現と、いままで誰もできなかった「戦後レジームからの脱却」を断行する野心に燃えていると私は想像しています。超長期政権は米国政府に従順であれば可能になるでしょう。しかし、これは国民への裏切りです。

2015年の政治展望――安倍首相は「中道」へ舵を切るべし

2015年2月号掲載

「謙虚であることをわきまえている人は最高のことを企てることができる」(ゲーテ)

極右主義と改革至上主義から脱皮する日本

私たちは、2014年12月14日の第47回衆議院議員選挙結果に表れた国民意識の著しい変化を見過ごすべきではないと思います。それは、国民の極右政治勢力の影響からの急激な脱皮です。極右政党の1つであったみんなの党が、総選挙を前にして解党してしまいました。指導部の低劣な内紛が直接の原因ですが、背景には、国民意識のみんなの党の極右主義への離反、露骨に安倍晋三首相にすり寄る体質に有権者が嫌悪感を抱いたという変化がありました。みんなの党の創立者の渡辺喜美氏は落選しました。政治生命の危機を迎えています。

安倍首相を右翼サイドからバックアップしてきた石原慎太郎氏は次世代の党の比例区に立候補しましたが落選し、政界を去りました。石原氏が中心になって船出した次世代の党は公示前の20議席から、わずか2議席に激減しました。残ったのは無所属でも当選できるだけの地元に強い選挙地盤をもっている2人の長老政治家だけでした。

1990年代以後、改革派の旗手だった小沢一郎氏が率いる生活の党も衰退しました。衆議院2議席、参議院2議席の政党要件を満たすことができない弱小政党になりました。1990年代、日本改造運動の先頭に立ってきた小沢氏の時代は終わったといって過言ではないでしょう。極右の改革者・石原氏と、欧米崇拝に立脚して日本の根本改造を推進してきた改革至上主義者の小沢氏の時代の終焉は、日本が大きな曲がり角にあることを示していると私は思います。日本は極右主義と改革至上主義からの脱皮の一歩を踏み出したのです。

国民はやむなく安倍政治の継続を選択

２０１４年12月14日の衆院選を一言で表現すれば「不平はあれど選択肢なし」ということになるでしょう。私は衆院選公示前に「国民は安倍政権に強い不満を抱いているが、自公連立政権以外に政権の選択肢がない。政界は一強多弱といわれるように、小選挙区一党制という歪んだ奇形的政治システムになってしまっている。このような状況下では自公連立与党が敗北することはない」と書きましたが、残念ながらそうなりました。

選挙戦が終わったあと、民主党候補として衆院選を戦った数人に「苦戦の原因」を聞いたところ、彼らが異口同音に言ったのは「民主党が過半数以下の候補者しか擁立できなかったこと。民主党は政権を取る意思を失ったと有権者から見られた」ということでした。野党第1党の民主党が政権を取り返す情熱を失ってしまったと国民から見られたのです。国民は、やむなく安倍政治の継続を選択したのです。一強多弱時代は、これからも続くことになります。こういう時にもっとも起こりやすいのは万年政権となった自民党のおごりです。安倍首相はじめ自民党政権の指導者たちが、謙虚になれるか否かが最大の注目点です。

第１次安倍内閣は「戦後レジームからの脱却」という戦後の民主主義政治を否定し憲法改正をめざす安倍政治革命路線をとって失敗しました。

一兎を追うか二兎を追うのか

第２次安倍内閣は、二兎を追いました。表面上はアベノミクス（デフレ脱却）を政策の中心に据えたように見えましたが、実際はアベノミクスと安倍政治革命の二兎を追いました。そして、行き詰まって衆議院を解散しました。無理に無理を重ねても現状維持が精一杯でした。これ以上はないというほど有利な条件での衆院選での４議席減でした。

第３次安倍内閣はどちらを選ぶのでしょうか。第１次内閣の道をとることはできないと思います。安倍首相自身が「アベノミクス解散」を宣言した以上、アベノミクスを棚上げして、憲法改正・安保体制強化に集中することはできないでしょう。これをやれば、国民は安倍首相に騙されたと思うでしょう。

第2次内閣の二兎を追う路線を繰り返す可能性はあると思いますが、国民を失望させることになるでしょう。多くの国民は、安倍首相の本性に目を向けています。具体的に言えば、安倍首相は自らの選挙公約を守る誠実な政治家なのか、国民をたばかる政治権力を弄ぶ政治家なのかを見定めようとしています。

安倍首相が進む道は、公約を守り経済再生・デフレ脱却の一点にすべての勢力を動員する以外にない、と私は思います。この期待を裏切った時、国民は安倍首相に見切りをつけると思います。2016年夏の参院選が安倍政治を審判する場になるでしょう。

安倍首相は維新の党などの極右勢力を頼りにすることをやめ、自民党内の中道勢力と公明党に軸足を移すべきです。自民党内の中道勢力と公明党は「安倍政権は二兎を追ってはならず経済再生一筋に進むべき」だと考えているようです。安倍首相は、少なくとも日本経済がデフレを完全に克服するまでは、経済のみに全力を注ぐべきでしょう。

中道政治が日本を救う

政治の進め方についても、自民党内中道勢力と公明党は与野党の話し合いによる政治運営を志向しています。安倍首相が野党の考えに耳を傾ける姿勢をとることができるか否かが、注目されるところです。安倍首相が数の力にモノを言わせて、強引な政治運営をおこなえば、国民から見放されるでしょう。

安倍首相が謙虚になれるか、それとも傲慢になるかに、安倍政治の未来がかかっていると思います。傲慢になれば、２０１６年夏の参院選で厳しい審判を受けることになるでしょう。

安倍首相に、公明党をブレーンにすることを勧めます。公明党は全国の草の根に基盤をもつ政党です。公明党の現場の力を借りて、国民とともに進むのがよいと思います。

安倍首相の姑息な二枚舌的行為は、中国、韓国の信用を失うだけです

2014年10月号掲載

「君子は径路を行かず」（子游）

自民党総裁は「私人」か？

安倍晋三首相は2014年4月、A級・BC級戦犯として処刑された旧日本軍人の追悼法要に「自民党総裁」名で追悼文を送っていたことが明らかになりました。菅義偉内閣官房長官は8月27日の記者会見でこう述べました。

「私人としてのメッセージだと思っている。政府としてのコメントは差し控えたい」

自民党総裁は「私人」でしょうか？

安倍首相は追悼文で「自らの魂を賭して祖国の礎となられた昭和殉難者の御霊に謹んで哀悼の誠を捧げる」と述べています。

『毎日新聞』８月28日朝刊は、法要がおこなわれた「奥の院」の追悼碑の碑文に、連合国軍の戦犯処罰を「歴史上世界に例を見ない過酷な裁判」と書いてあると報道しています。この高野山真言宗「奥の院」の追悼法要に、安倍首相は昨年に続いてメッセージを送ったのです。

「公人」と「私人」を使い分けて批判を逃げる安倍首相

安倍氏が首相としてメッセージを送っていたとしたら、中国、韓国だけでなく、米国も英国もオーストラリアも強く反発したでしょう。しかし、安倍氏はこのメッセージを「自民党総裁」として送ったのです。この使い分けによって、かろうじて諸外国の反発を逃れているのです。やり方が狡猾です。

安倍首相は去る8月15日の終戦記念日に靖国参拝はしませんでしたが、自民党総裁として代理人に靖国神社に参拝させました。この時も「自民党総裁」の肩書を使いました。

安倍首相のやり方は巧妙ですが、「公人」と「私人」を使い分けて、批判を逃げる二枚舌的なこせこせした行為は、安倍首相の人間としての信用を深く傷つけています。このような姑息な行為は、自らが卑小な人物であることを告白するようなものです。

「内閣総理大臣」の名で同じことをおこなえば、これはポツダム宣言と講和条約に違反する行為です。国際的に大騒ぎになるでしょう。ただし「私人」で逃げるやり方はあまりにも姑息です。

日中、日韓和解に水を差す安倍首相

最近、日中関係和解への積極的な動きが中国側から出ています。

7月末には福田康夫元首相が訪中し、習近平中国主席と会談しました。11月に習主席主催のAPEC首脳会議が北京で開催されます。安倍首相は、このAPECのときに、日中首脳会談をしたいと表明しています。

中国側の動きは最近活発になっています。9月下旬と10月上旬、日中関係の最大のキーマンと言われている李小林中国人民対外友好協会会長が来日する予定だとのことです。李氏は、毛沢東、鄧小平時代に活躍した李先念氏の娘です。「太子堂」の一人で、習主席に近いと言われています。来日すれば日本の要人と会談することになるでしょう。私は安倍・李会談の可能性もあると予想しています。李氏は大物です。

中国側からは、日本へのいくつかの呼びかけがあります。その1つは8月24日に北京で開かれた国際学術シンポジウム「日本の戦略動向と中国関係の位置づけ」（主催：中国社会科学院）における徐敦信氏（元外交副部長、元駐日大使）の日本への呼びかけです。

徐氏は、①中日関係の原点である中日共同声明と平和友好条約の精神を遵守する②歴史問題と釣魚島（日本名・尖閣諸島）問題の適切な処理③中日間の交流・協力の拡大、の3点を提案しています。①と③は問題なしです。②は「対話」を始めることです。

日本がこの3つの提案を受け入れれば、日中和解が実現します。これは十分に可能です。すべては安倍首相の決断にかかっています。

日韓関係も、韓国側から動き出しました。8月15日、朴槿恵大統領は「未来志向の友好協力関係をつくらなければならない」と述べ、対日関係の改善に積極的な姿勢を示しました。この流れのなかで日韓次官級対話が9月にはじまる可能性が高まってきています。

安倍首相にとって日中、日韓両関係を改善する絶好のチャンスが到来しているのです。安倍首相は柔軟路線に転ずるべきです。

安倍首相決断のとき迫る

日本の平和と安全、経済発展にとって日中友好、日韓友好はもっとも重要な関係です。中国政府、韓国政府ともに日本との和解の意思を表明しています。今度は安倍首相が動かなければなりません。

しかし、残念なことに、安倍首相は消極的です。むしろ中韓両国首脳を怒らせるような姿勢が見えます。

中国に対しては安倍首相が日中共同宣言、日中平和友好条約など４つの政治文書の遵守表明をすれば、日中首脳会談への道は開かれるでしょう。

安倍首相が躊躇すれば、首脳会談はできたとしても短時間の形式的なものになるでしょう。そうなれば、安倍内閣のもとでの日中和解は困難になるでしょう。

日韓関係も同様です。安倍首相が「河野談話」を継承することを表明し、従軍慰安婦問題に誠意をもって対応すれば、和解は可能になるでしょう。

日中韓３国の平和友好関係が確立されれば、東アジアは経済繁栄の拠点となり、世界経済を引っ張る役割を果たすことができるようになると思います。

安倍首相は過去の自説にこだわってはなりません。

偏狭な反中国、反韓国ナショナリズムを煽る安倍自民党政治の危険性

「愛国主義は無頼漢たちの最後の避難所である」（サミュエル・ジョンソン）

2014年3月号掲載

偏狭なナショナリズムに火がついた

いまの日本の政治は、あぶない方向に走り出している、と私は心配しています。長期不況のなかで、多くの国民の生活水準が低下しています。その上、格差が拡大しています。ごく少数の者が富を独占し、大多数の国民がその日暮らしの貧しい生

活を強いられています。若い政治家たちは平和・自立・調和の精神を失い、安倍晋三首相の極右政治に追従しています。

こういう時、革命運動が起きやすくなります。日本は１９３０年代のドイツに似て、極右勢力が主導権を握りました。日本の極右運動をアメリカのジャパンハンドラーたちが利用しようとしていますが、彼らはその正体を巧みに隠しています。

極右勢力が国民を動かすためにおこなう伝統的手段は、偏狭なナショナリズムを煽り立てることです。日本の政治を操るジャパンハンドラーと、日本の極右政治家たちが利用したのが、尖閣問題です。日本の政治家で動いたのが石原慎太郎氏（当時の東京都知事）と、民主党の松下政経塾出身の極右政治家たちでした。民主党・野田佳彦内閣の尖閣国有化の閣議決定という中国政府への挑発は、見事に当たりました。

偏狭なナショナリズムは、まず中国で火がつきました。いったん中国の国民大衆の間に広がった偏狭なナショナリズムは、中国に進出している日本企業を襲いました。

このニュースはテレビで日本に伝えられ、日本国民のなかの偏狭なナショナリズムに火をつけました。いったん燃え上がった偏狭なナショナリズムは燎原の火のごとく広がりました。

日本の偏狭なナショナリズムは韓国にも向けられています。いまや、中国と韓国を非難する知識人やジャーナリストは、隣国に対する礼節を捨て去り、下劣なヘイトスピーチを繰り返しています。安倍政権は中国と韓国と敵対することによって国民の支持を固めました。しかし、やり過ぎました。２０１３年12月26日の靖国参拝です。

安倍首相の靖国参拝の予想外の波紋

安倍首相自身の靖国参拝に対して在日米大使館だけでなく米国国務省までが「失望した」と声明したことは、安倍首相にとっては予想外のことではなかったか、と私は思います。安倍首相は「ご主人」を怒らせてしまったのです。米国政府は米国・日本・韓国の３国の協調体制を再構築しようと画策していました。10月のジョン・ケリー国務長官とチャック・ヘーゲル国防長官の訪日時の千鳥ヶ淵戦没者墓園への参拝は、安倍首相に靖国参拝の自粛を求めるものでしたが、元祖「ＫＹ」の安倍首相には通じませんでした。12月のジョセフ・バイデン米副大統領の日本を含むアジア訪問は、日本と中国の武力衝突を回避するとともに、米日韓３国協調体制の再構築を狙ったものでした。しかし、バイデン副大統領のアジア歴訪の旅の直後におこなわれた安倍首相の靖国参拝によって、この計画は潰れてしまいました。安倍首相の靖国参拝によって米国のアジア戦略は挫折しました。米国政府はアジア政策の再構築を迫られていますが、思うようにいきません。中国、韓国の安倍政権への深刻な不信が障害になっています。日中、日韓の首脳会談は絶望的です。

安倍首相の企ては憲法否定・国民主権の蹂躙

安倍首相は「従米」と「日本軍国主義の復活」の２つを追い求めています。この２大目的を実現するための鍵が、憲法解釈の変更による集団的自衛権の行使容認の実行です。

日本国憲法第９条は日本政府が戦争をすることを禁じています。今日までの自民党政権は、憲法第9条のもとでは個別的自衛権の行使、すなわち専守防衛は可能だが、日本政府が戦争をすることのできる集団的自衛権の行使はできない、との憲法解釈をとってきました。安倍首相は、憲法第96条にもとづく憲法改正ではなく、憲法解釈を変更して集団的自衛権の行使容認を決定しようとしています。これは憲法無視で、一種の政治的クーデターです。

日本政府の基本政策の変更をしたいのであれば、憲法第96条に従って衆参両院において憲法改正の発議をおこなった上で、国民投票に付すべきです。政府と国会だけでは憲法改正はできません。国民投票が必要です。これを省くのは国民主権を原理とする憲法に違反することです。安倍首相が企てていることは憲法否定・国民主権の蹂躙です。

日本の不戦主義、平和主義は変えてはならない

同時に、これ以上に重要なことは、安倍首相が戦後日本の平和主義を捨てようとしていることです。日本政府の不戦主義、平和主義は決して変えてはならない日本

の国是です。集団的自衛権の行使容認を決定すれば、日本の自衛隊はいつでもどこでも戦争をしてもよいということになります。これを米国政府が日本に求めています。安倍首相は靖国参拝で傷ついた米国との信頼関係を取り戻すために、集団的自衛権の行使容認の決定を急いでいます。安倍首相は日本国憲法体制の解体に向かって暴走しています。

今通常国会で予算が成立したあと、安倍首相は集団的自衛権の行使容認のための解釈改憲で勝負に出るでしょう。その時の公明党の姿勢が注目されています。公明党が安倍首相と妥協して方向転換するとの見方がありますが、いまは流動的です。公明党支持者のなかには安倍首相が公明党に対して連立政権の解消を求めれば、潔く野党になろうとの主張もあります。

公明党は２０１４年結党50年を迎えます。いままで「平和の党、福祉の党、大衆とともに」の党是を守って活動してきた政党です。安倍首相との妥協は簡単ではないと思います。公明党との連立解消は安倍首相にとって重い選択です。決断できるでしょうか。

安倍首相らの「歴史修正主義」は、全世界を敵に回す大愚行です

2013年7月号掲載

「虎の尾を踏む」（『易経』）

袋小路に入った安倍自民党の極右主義

安倍晋三首相らの極右政治は、その極右的言動と歴史修正の動きを見せたことによって「虎の尾」を踏み、ついに米国を含む旧連合国だけでなく、全世界の心ある人々を怒らせてしまいました。安倍政権は世界の孤児になりつつあります。

安倍首相主導下の自民党は極右主義と「歴史の修正」という袋小路に入り込んでしまったようにみえます。いま、行き詰まって袋の中でもがき苦しんでいるようにみえます。

最近の自民党の主な国会議員のほとんどは、保守政治家の2世、3世議員です。彼らは、保守政治家の祖父や父親から、歪んだ保守政治家の歴史観を教えられたのです。

「日本だけが反省するのはおかしい」

第2次大戦後、普通の日本人は、軍国主義・大日本帝国の歴史、軍部主導の政治について厳しく反省しました。大多数の日本国民は再び戦争をしてはならないと誓ったのです。韓国、中国、アジア諸国を侵略したり植民地支配をしたことは悪いことだった、申し訳ないことをしたと深く反省したのです。これが普通の日本人の健全な常識です。

しかし、ごく少数の右翼思想の持ち主と戦争責任を問われながら反抗していた極右保守の政治家たちは、戦後の反戦平和主義と民主主義の流れに反感を抱き、自分の子や孫、秘書や書生に極右思想教育を施してきました。そして、このような特別の極右思想教育を受けた子弟たちが成長し、自民党、日本維新の会、みんなの党、民主党の右翼系の国会議員となり、政界の多数派を形成するに至りました。

最近まで保守政治には2つの流れがありました。1つは、吉田茂を源流とする戦後の平和憲法を肯定する潮流でした。もう1つは、鳩山一郎、岸信介らの憲法改正論者の極右政治家の系譜でした。岸らは戦争をしたことを根本から反省することなく、「何が悪いか。アメリカも同じことをしているではないか。勝てば官軍、負ければ賊軍の世界だ。日本だけが反省するのはおかしい」という考え方に固執し続けていました。彼らはこの考え方を子や孫に植えつけたのです。

いまや平和憲法擁護派は極小勢力

戦後68年がたちました。この前半期においては、保守政治家のなかに、平和憲法擁護派と戦争否定派が共存していました。しかし、21世紀に入るとともに日本の保守政治は変質してしまいました。平和憲法擁護派の保守政治家はほとんどいなくなりました。日本の保守政治は、米国のジョージ・Ｈ・Ｗ・ブッシュ共和党の極右戦争政権のもとで極右主義に向かって暴走しました。この代表が小泉純一郎元首相と安倍現首相です。自民党内で極右革命が起きました。

平和憲法擁護派の最後の政治家・古賀誠元自民党幹事長は２０１２年12月16日の総選挙を機に自ら引退しました。もう一人の平和憲法擁護派の大物政治家・加藤紘一元自民党幹事長は選挙に敗れて引退しました。自民党のほとんどすべての国会議員が憲法改正派の極右政治家になってしまいました。民主党の主流派の政治家も、これら自民党の極右政治家と同類です。日本維新の会、みんなの党も同類の極右政治家です。

いまや、平和憲法を守ることを党是としている政党は公明党、共産党、社民党だけになってしまいました。この３党の国会議員の合計は、全国会議員の10％以下です。平和憲法擁護派は、いまでは極小勢力に過ぎないのです。

国民レベルでは護憲派は改憲派より多数ですが、東京の大マスコミのほとんどが政府の広報機関化してしまい、国民投票になれば安倍首相の手先化する可能性大です。東京のマスコミは危険です。平和憲法である日本国憲法はいま、風前の灯と化してしまっています。

「村山談話」を否定しようとする安倍首相

しかし、安倍首相を中心とする極右思想をもつ自民党の若手、中堅政治家たちの暴走は、１９３０年代ドイツにおいてワイマール体制を破壊して登場してきたアドルフ・ヒトラーナチスドイツに酷似した動きではないか、と世界からみられはじめています。戦後の日本の平和憲法体制は、第１次大戦後のドイツのワイマール体制と似ています。これを破壊しようとしている安倍首相主導の政治は、ワイマール体制を破壊したナチスドイツを類推させているのです。

安倍首相は、韓国慰安婦問題について謝罪した「河野談話」と第２次大戦期の日本政府（軍部）による韓国、中国、アジア諸国への侵略と戦争と植民地支配について反省と謝罪をした「村山談話」を否定しようとしています。しかし、これは韓国、中国両国民だけでなく米国を含む世界各国から強い反発を受けています。もしも安倍首相がごり押しすれば、日本は世界から孤立してしまいます。

夏の参院選は極右政治の暴走を止める最後のチャンス

こんななかで、安倍首相は公明党の進言を受け入れて、歴史修正主義の動きをトーンダウンさせていますが、しかし、いまだ基本的姿勢は変えていません。安倍首相らが極右思想を前面に出してきた時、日本は世界の孤児になるおそれ大です。これは、安倍首相を国民的リーダーにした国民自身と東京の大マスコミの責任です。

２０１３年夏の参院選は極右政治の暴走を止める最後のチャンスになるでしょう。良識派の公明党と民主党の平和憲法擁護派の奮闘を期待します。

第2章

矜持なき政治家に喝!

政界では「李下に冠を正さず」は死語になってしまったのか!?

2017年7月号掲載

「私は大統領であるよりは、むしろ紳士でありたい」（米国第26代大統領セオドア・ローズベルト）

「李下に冠を正さず」を実践できるかどうか

「李下に冠を正さず」という言葉を私が覚えたのは、終戦直後の中学生の時でした。70年も前のことです。それ以来、私はこの言葉を意識してきました。20世紀の指導者のほとんどは、この言葉を知っていました。

『古楽府』「君子行」に「君子は未然を防ぎ、嫌疑の間に処らず、瓜田に履を納れず、李下に冠を正さず」とあります。「君子（指導者）は、他人から疑いをもたれるようなことは、はじめからしてはならない」という意味の教訓です。

明治時代に生まれた政治家のほとんどは、この言葉は知っていましたし、意識していました。大正生まれの政治家も、昭和7年生まれの私より年長の昭和の政治家も知っていました。ただし「李下に冠を……」を守るのは理性が働いている間です。狂気を帯びると忘れてしまいます。

私より若い政治家のなかには、この言葉を理解できないだけでなく、言葉そのものを知らない政治家が増えたように感じてきました。

戦後生まれ世代の政治家の多くは、この言葉の大切な意味が理解できないのかもしれません。

いま注目されている加計学園問題の本質は、安倍晋三首相と加計学園理事長が腹心の友の関係にあり、頻繁にゴルフをしたり食事をしたりしていることにあります。

１９９０年代までの首相であれば、このような親しい関係にある人とは利害関係を持たないようにしたものです。しかし、安倍首相は平気の平左のように見えます。安倍首相には「李下に冠を正さず」の意識がないのかもしれません。いまの自民党政治家のほとんども同じかもしれません。

古代中国、晋の時代の詩人・陸機の『文選』の中に「渇しても盗泉の水は飲まず、熱しても悪木の陰に息わず」とあります。孔子はどんなにのどが渇いても「盗水」という名の水は飲まず、どんなに暑さを避けたくても「悪木」という名の木陰には休まなかった、という意味です。

私の先輩たちは、つねにこの言葉を意識していました。とくに政治家はそうでした。世間から疑惑をもたれるようなことはしてはいけないと考えて生きてきたのです。

「悪木盗泉」は死語となったのか？

安倍首相と加計学園理事長との関係に比べると些細なことですが、前川喜平前文部科学事務次官は、たとえ母親と子の貧困問題の調査目的の取材とはいえ、教育行政のトップとして行き過ぎた行為は慎むべきだったと思います。

今回発言した前川氏の勇気は賞賛すべきことですが、世の中から疑惑を持たれないよう清潔な生き方に徹するべきです。

「悪木盗泉」という言葉も、わが国の政界では死語になってしまっています。残念なことです。政治指導者の道義が廃れれば、この世は闇です。

「君子は交わり絶ゆとも悪声を出さず」

これは『史記』楽毅列伝の中の言葉です。「君子たる者はたとえ交際が絶えても、相手の悪口は言わない、これは君子の交わりの基本だ」という意味です。

菅義偉内閣官房長官の前川氏についての最近の記者会見は悪感情むき出しで、前川氏に対する個人的誹謗は度が過ぎているように感じました。

内閣官房長官は日本政界の最高リーダーの一人です。日本の「君子」です。下品な個人的誹謗中傷は慎むべきです。指導的政治家が道義を失った時、国は乱れます。政治指導者には守るべき道義と規範があります。

「生きるとは考えることである」

古代ローマの政治家で弁論家のマルクス・トゥッリウス・キケロの言葉です。最近の政治家を見ていて「考えること」をやめてしまったかのような政治家が多いと私は感じています。

反骨の士がいなければ政治は堕落する

最近、安倍首相は憲法改正の方向づけをおこないました。日本国憲法第9条の第1項と第2項を残し、その上で「自衛隊」のことを書き加える、というものです。これは野党時代に自民党が作成した憲法改正案を否定し、方向転換をめざしたものです。以前のタカ派一色の自民党草案では憲法改正発議に必要な衆参両院での3分の2の賛成を得るのは困難です。今回の安倍首相の方向転換によって3分の2の発議の可能性が生まれたことは確かです。

しかし、党内で合意した前の憲法改正草案が、首相の突然の声明で否定されたことを批判する自民党国会議員が石破茂元幹事長一人という現状に深い疑問を感じます。

自民党国会議員のほとんどが思考停止状態に陥っているように私にはみえるので

す。安倍首相が「右向け右！」と言えば全国会議員が一斉に右を向き、「左向け左！」と言えば左を向くような状況は、どう考えても異常です。自民党国会議員の思考活動が停止してしまっているようにみえるのです。ロボット議員になり、安倍首相にマインドコントロールされているようにみえます。これでは自民党は、自由も民主主義も放棄した安倍独裁の政党になってしまったとみられてもやむをえません。

「偉大の士は常に世の風潮に逆ふなり」

これは北村透谷の言葉です。自民党国会議員は四百数十人もいます。すべての議員に偉人らしく振る舞うよう求めても無理なことは承知しています。しかし、「安倍一強」の風潮に逆らう政治家が石破元幹事長一人というのは、あまりにも情けないと思います。

「安倍一強」の風潮に逆らう政治家が10％いれば四十数名になります。世の風潮に逆らう反骨の士がいなければ、政治は堕落してしまいます。

衆参両院すべての国会議員は、自らが国権の最高機関の一員であるとの自覚に立って、安倍首相にもの申す勇気を持ってほしいと思います。

２０１７年は、すべての政治家の批判精神の有無と自立性が試される年

2017年2月号掲載

「是を是と謂い、非を非と謂うを、直と曰う」（荀子）

都議会公明党の自民党との連立解消宣言

２０１６年末に、東京で中心的話題となった政治事件は、都議会公明党の自民党との連立解消宣言でした。私も多くの人からこの件について質問されました。もっとも多い質問は「都議会における自公連立解消が中央政界の自公連立に連動するか」

というものでしたが、私は「直ちに連動することはないが、地方政界には影響をもたらすでしょう」と答えました。

都議会公明党は、２０１７年夏の東京都議会議員選挙を前にして「３つの挑戦」を打ち出しました。第１は「身を切る改革の先頭に」、第２は「未来を担う人材の育成へ・教育費負担を軽減」、第３は「２０２０年東京五輪に向け人にやさしい街づくり」です。この第１の「身を切る改革」の中心は①「議員報酬」を20％削減②「政務活動費」を削減しガラス張りに③「費用弁償」の一律支給を廃止――です。

この公明党の提唱に都議会自民党が激しく反発して「公明党のパフォーマンスだ」と言って自民党との打ち合わせの前に公表したことを非難しました（じつは、公明党の身を切る改革の中身は、公明党以外の何者かによってマスコミにリークされたというのが真相のようです）。都議会自民党は公明党の身を切る改革の中身に強く反対し、公明党に修正を求めました。しかも自民党は、もし公明党が修正をしないならば超党派の都議会会派の懇談会から出て行くよう求めたのです。

公明党はこの自民党の通告を拒否し、長年続けてきた都議会における自民党との連立を解消したのです。

自民党以外のすべての会派は公明党に同調したため、自民党は最大会派でありながら都議会で少数派に転落してしまいました。都議会の勢力図は大きく変わりました。この流れは、２０１７年夏の都議会議員選挙に大きな影響をもたらす、とみられています。原因は自民党の傲慢さにありました。

都議会自民党と対立関係にある小池百合子東京都知事の支持勢力は、自民党候補への対立候補を擁立する可能性があります。都議会自民党と決別した公明党が小池知事支持勢力の側につくとすると、自民党の議席は大幅に減る可能性が生まれるのです。東京都政に構造変化が起こりはじめました。都議会公明党の東村邦浩幹事長は小池都政に対して「是是非非の立場をとる」と宣言しました。

「是を是と謂い、非を非と謂うを、直と曰う」は中国古代の大思想家、荀子の言葉です。都議会公明党は、公明党の結党の精神に従って自主自立の道をとることをあらためて鮮明にしたのです。この自主自立の精神は今後の全国の公明党の活動に影響することは間違いないと私は思います。

２０１７年の日本の政治のキーワードは「自立」です。「自立」とは批判精神を持って生きるということです。すべての政治家が自立・批判の精神を持っているか否かを、国民によって試される時代がきたのです。

「自立」と「批判精神」の有無を試されるのは政治家だけではありません。マスコミも経済界も官界も学界も、そして、日本国民全体が試されているのです。

日本の政治の根本問題は対米従属からの自立

75年前に大日本帝国が米国に戦争を仕掛けたことは取り返しのつかない歴史的大失敗でした。敗戦で日本は米国政府の占領下におかれました。１９５１年の講和条約締結によって日本は独立したといわれてきました。しかし、独立は形式的なものに過ぎず、日本は米国政府の従属国にされてしまいました。日本国内には、占領下と同じように米軍基地がおかれているのです。

インドネシアの独立の父・スカルノ大統領は、１９５５年のバンドン会議での演説において、次のように述べました。

「もし、祖国の一部が自由でないならば、自分は自由だと感ずることはできない。半分生きているということがありえないように、半分自由だということはありえない」

米軍基地がもっとも多くおかれているのは沖縄です。沖縄は米軍から植民地の扱いを受けています。米軍基地があるのは沖縄だけではありません。三沢にも厚木にも横田にも岩国にもあります。日本は軍事的に米国の従属国にされてしまっていますが、軍事面だけではありません。経済政策も米国政府にコントロールされてしまっています。郵政民営化や特定秘密保護法、安保法制、ＴＰＰ、カジノ法などは米国政府への従属の結果つくられたものです。すでに沖縄県民は、沖縄が米軍の支配下におかれていることに気づいています。日本の政治が米国政府に従属していることを知っています。沖縄の自立、日本の独立への強い意志が動き出しています。

「それで本当にいいのか!?」と問い直すべき

２０１７年1月20日にドナルド・トランプ氏が米国大統領に就任します。トランプ政権はどこに進もうとしているのか、世界中が注目しています。

トランプ新大統領が、大統領選挙中に発言したことをそのまま実行するのか、それとも修正し現実路線をとるのか不明確な点は多々ありますが、過去8年間の〝オバマ政治〟を否定することは確かです。

日本政府は過去8年間、バラク・オバマ大統領に追従してきました。それ以前の8年間はジョージ・W・ブッシュ政権、さらにその前の8年間はビル・クリントン政権、その前のロナルド・レーガン（8年間）、ジョージ・H・W・ブッシュ（4年間）と、米国の政権が代わっても日本の対米従属は不変でした。

これからはじまるトランプ政権に対しても日本政府は従属しつづけるでしょう。トランプ新大統領が日本政府にかなり無理なことを求めてきても従うでしょう。

しかし、いま日本国民と政治家は「それで本当にいいのか⁉」と問い直すべきです。トランプ大統領の時代に、日本は平和的に独立への一歩を踏み出すべきです。

戦後72年たちました。そろそろ独立の時だと思います。

2016秋政局の底で影響力を増す2017年初冒頭解散説、3大錯覚によって支配される政界の無原理・無原則

2016年11月号掲載

「失敗の最たるものは、なにひとつそれを自覚しないことである」（カーライル）

2017年初冒頭解散説

2016年秋の臨時国会の主要テーマは①災害対策とデフレ不況脱却のための補正予算の成立②TPPの承認③消費税引上げ延期のための法改正の3つです。以上の3課題のうち与野党対決法案は第2のTPPです。2016年秋の臨時国会が

「TPP国会」と呼ばれるのはこのためです。

２０１６年秋、政局を根底において動かしている最大の力は２０１７年初冒頭解散説です。すべての衆議院議員の心を支配しているのは「解散」「常在戦場」という言葉です。衆議院議員と立候補予定者は２０１７年初総選挙に向かって走り出しています。政界の緊張が高まりつつあります。

大新聞の政治部記者たちは「２０１７年初解散の確率は30％程度」などと言っていますが、選挙を戦う議員と候補者にとっては、そんな呑気なことは言っていられません。立ち遅れたら敗北してしまいます。勝つために全力で走り通さなければなりません。この議員と候補者の動きが、解散熱をさらに高めています。私は、２０１７年初冒頭解散の可能性はかなり高いと予想しています。最大の理由は、安倍晋三首相が早期の解散総選挙を強く望んでいると判断するからです。

現代は「大錯覚の時代」だと私は思います。大錯覚が政治を動かしています。巨大マスコミが支配する高度情報化社会においては大錯覚が国民を動かし、指導層を洗脳します。いま日本の政界を動かしているのは3つの大錯覚です。

第1は「衆議院解散は総理の専権事項」という大錯覚です。衆議院解散権が内閣総理大臣個人に与えられているというのは錯覚です。「解散権は内閣にある」と言うべきです。衆議院解散は内閣の連帯責任でおこなうべきことです。「総理個人に解散権がある」というのは錯覚です。解散については総理以外の国務大臣にも発言権があるのです。しかも内閣の解散権は限定されています。総理個人に無制限な解散権があるというのは錯覚ですが、この錯覚が現実の政治を動かしているのです。

内閣の解散権は、憲法上は非常に限定されています。憲法上は内閣が解散権を行使できるのは衆議院において内閣不信任案が可決されるか内閣信任案が否決された時だけです。

しかし、現実の政治においては内閣不信任案が可決されなくても衆議院を解散しています。この場合の憲法上の根拠は第7条の「天皇の国事行為」の中の「衆議院解散」の規定です。すなわち、内閣総理大臣は天皇に助言して天皇に衆議院解散をおこなわせているのです。これは「天皇は直接政治をおこなってはならない」という象徴天皇制の精神に反しています。「7条解散」は日本国憲法に違反する行為です。いまは7条解散が公然と一人歩きしています。本来は違憲ですが、現実は「7条解散合憲説」が罷《まか》り通り「解散は総理の専権事項」が政界の常識となってしまっているのです。

経済政策の舵取りを米国政府にゆだねてきた日本

第2の大錯覚は「改憲勢力が衆参両院とも3分の2を占めている」ということです。この錯覚の根にあるのは「公明党は改憲勢力」という思い込みです。公明党は自民党と同じではありません。日本国憲法の平和主義、国民主権、基本的人権の尊重の3大原則は守り抜く立場です。公明党は改憲政党ではなく加憲政党です。それにもかかわらず政界と政治マスコミは公明党を改憲政党に含めて「改憲勢力3分の2」論を言い続けています。

しかも、民進党、共産党などの野党は、安倍政権がすぐに憲法改正を強行すると思い込んでしまっています。ここから国政選挙の獲得議席目標を、改憲阻止に必要な3分の1においているのです。民進党は事実上「過半数獲得」という目標を放棄してしまっています。これにより政権交代を目的とする小選挙区選挙制度の意味はなくなりました。「小選挙区一党制」という最悪の政治状況が恒久化することになってしまいます。

小選挙区選挙制度下において野党第一党が為すべきことは、すべての国政選挙で過半数を目標にして選挙を戦うことです。これは野党第一党の最大の責任です。この責任を放棄した野党第一党に存在価値はありません。そんな政党は解散すべきです。

第3の大錯覚は、とくに野党とマスコミに強いのですが「デフレ不況からの脱却不可能論」です。再び成長経済を実現することはできないという誤った信仰です。この考え方は無責任な資本主義終焉論につながっています。しかし、現実の経済社会は資本主義経済です。資本主義は好況と不況の波を繰り返す経済です。日本の政治の過ちは、この20年間、経済政策の舵取りを事実上米国政府にゆだねて新自由主義経済政策をとり、長期デフレ不況からの脱却の努力を怠ったことにあります。

20年間もの長期間不況状態を続ければ社会の活力は低下します。急速な人口減社会への転落の最大の原因は、無理矢理にデフレ不況を続けた結果でした。いまこそ日本は、国民の総力をあげてデフレ不況からの脱却をめざすべきです。デフレ不況からの脱却以外に日本を再生させる道はないのです。

「修正資本主義」へ転換

いま政府が取り組むべき最大の緊急課題は、とくに北海道、東北地方の災害復旧復興と農業再建です。政府は農業協同組合に協力を求めその力を活用すべきです。農業協同組合の発展こそが農業再生の鍵となります。

日本政府が実行すべきことの第1は、新自由主義的構造改革路線を停止し「防災・減災・国土強靭化」推進の方向に政策の基軸を移すことです。とくに地方、地域の再生のための努力が大切です。いま為すべきは社会インフラ整備のための政府の投資を積極的におこなうことです。

根本的には、政府の経済政策をいままでの新自由主義から「修正資本主義」の方向へ転換することです。今国会の最大テーマのＴＰＰは、２０１７年初解散の総選挙における国民の判断にゆだねるのが得策ではないか、と私は思います。

北海道5区・衆議院補欠選挙に示された民意に学ぶべし、政治指導者は国民大衆の気持ちに敏感でなければならぬ

2016年6月号掲載

「上善は水の如し」（老子）

北海道5区補選に総力を集中した自民党

2016年4月24日に投開票された衆議院補欠選挙ですが、事前にさまざまな情報が私のところに入ってきました。北海道5区と京都3区での選挙情勢に関することでした。京都3区では自由民主党が候補者を立てることを断念しました。当初か

ら民進党候補の当選は予想されている選挙でした。自民党としては北海道５区に総力を集中しました。

北海道５区は町村信孝元衆院議長の死去に伴う補欠選挙でした。故・町村氏は２００９年の選挙で１回のみ選挙区で勝てず比例復活での当選だったのですが、他はすべて町村氏が当選を果たしてきた選挙区でした。町村氏の強さは、先代の父君・町村金五氏（１９００年〜１９９２年）が戦後の北海道における保守の主柱として存在したことが基盤でした。町村金五知事の登場以前は、田中敏文氏という知事が革新王国・北海道を築いていたのですが、保守勢力が革新勢力を崩して対等の勢力となった時に町村知事が実現しました。この時から町村知事の力が非常に大きなものとなりました。町村知事は信頼も厚く、北海道において保守勢力は革新と五分五分、あるいは少し保守が上回るという力関係を築いた功労者です。

この影響力を相続して政治活動をおこなってきていたのが町村信孝氏でした。父親譲りの強力な支持勢力がついているうえ、地域的にも千歳市、恵庭市は比較的保守基盤の強い地域です。もし、ここで自民党が議席を失うようなことがあれば、安倍晋三政権も大きな打撃を受けるところでした。結局は約１万２０００票余の少差とはいえ自民党の新人・和田義明氏が当選しました。自民党・公明党・新党大地の組織力が、民進党・共産党などの野党合同の組織力に打ち勝ちました。

この結果は自民党・公明党・新党大地の戦略によるものでした。自民党の最大の弱点は政治家のモラルの問題でした。自民党は京都3区において与党側から候補者を出さないことによって反省の意思を示し、この問題をなかばクリアしたのです。

もし、京都3区に自民党候補が出ていたら、今回の不祥事を反省していないという議論が起きたでしょう。政治家のモラルが大きな争点になり、自民党候補は苦境に立たされたかもしれなかったのです。当然、北海道5区にも影響を与えたことでしょう。

5区補選は自民党の新人が僅差の勝利

さらに大きな要因として、北海道においてはTPP（環太平洋戦略的経済連携協定）が選挙における大きな問題でした。北海道の農業関係者はTPPによって北海道農業は成り立たなくなるという危惧を抱いています。政府が「攻めの農業へと転換する」「ＴＰＰを受け入れることで日本の農業は再生する」と主張しても、その論理が北海道では受け入れられていませんでした。ですから、日本の食料基地である北海道の農業者たちは、もし安倍内閣がＴＰＰを強行していたなら、これに強く反発して反安倍政権的な投票行動をとる可能性がありました。

しかし、土壇場で政府は今国会においてＴＰＰ実現を断念、参院選後の国会のテーマにすることを発表し、ＴＰＰという最大の争点を取り除いたことも今回の補欠選挙に大きな影響を与えました。

もう１つ、熊本地震に対する政府の対応もテーマになりました。民進党も共産党も対策が生ぬるい、立ち遅れていると指摘しました。「阪神淡路大震災の時の村山富市内閣は、当初は立ち遅れていたが、すぐに立ち直って全力をあげて激甚災害指定をした。東日本大震災においても迅速に激甚災害の指定をした。ところが今回の安倍政権は激甚災害の指定を躊躇している」という批判でした。熊本県からは激甚災害の指定を早くしてほしいという要請がありました。激甚災害指定は閣議決定で可能ですので、迅速な対応ができるはずです。また、ここは補正予算を組んで対策をとるべきではないかという議論も起きましたが、補正予算も政府は躊躇しているという批判もありました。

安倍内閣は選挙戦終盤でこの問題に対処しました。安倍総理は4月18日に激甚災害の指定をおこない、補正予算の方針も明らかにしました。激甚災害の指定と補正予算は、政府の姿勢を示すシンボリックな意味があります。これをおこなうことによって熊本地震に政府が消極的ではないかという野党の批判をかわすことができたのではないかと思います。

北海道5区で自民党が勝ったとはいえ、得票率わずか4％という僅差での勝利でした。民進党・共産党連合軍をかろうじてかわすことができた背景には、前述のような戦略戦術上の配慮があったといえるでしょう。きわどい勝負だったのです。

国民意識の流れを受け止めることが必要

政治というのは国民大衆の気持ちを敏感に受けて、それに応えていくことなしには、円滑な政治運営はできず、選挙も勝てません。そういう意味で今回の補欠選挙は、じつに教訓的な意味を含んでいると思います。国民意識の大きな流れを受け入れながら、そこに改革と進歩の芽を残し拡大していくというやり方が政治の手法として正しいのだろうと思います。今回、かろうじて与党は危機を切り抜けました。こうした対応において公明党の果たした役割は大きかったと思います。

補欠選挙の結果、政治的状況に大きな変化は起こりませんでした。これによって同日選挙の可能性は完全にゼロになったわけではないと思います。しかし、安倍内閣は堂々と参議院単独で政府与党が国民に信を問う態度をとるべきだと思います。衆参同日選というような姑息な手段を取ることなく、大きな国民意識の流れを受け止めていくことが必要です。安倍内閣は公明党の考えをもっと積極的に取り入れるべきです。

なお、今回の京都３区における投票率は30・12％と戦後の衆院補欠選挙で最低でした。今後、このような選挙はいかなることがあっても繰り返されてはならないと思います。大切なことは、政治は国民の意識に敏感でなければならないということです。

4月24日、2つの衆院補欠選挙で問われるのは、政治倫理と政治家の資質である

「政（まつりごと）を為すは人にあり」（孔子）

2016年5月号掲載

政治家に求められる3つの要素

いま、政界において各種の深刻な問題が起きてきています。これはひとえに政治家の緊張感の欠如であり、真剣に政治に取り組む姿勢の欠落ではないかと思います。

私はつねづね、政治家に求められているものは3つの要素だと思っています。

その第1は高い倫理観です。第2は政治をおこなう人間としての一定の見識、知性です。そして第3は、国民の立場にたってすべての問題に取り組む姿勢です。こうしたことが政治家に求められているのですが、現在これらを具有している政治家は少数派になっています。

昨今の政治家の資質という点でいうと、倫理的にいかがなものかと思わざるをえない事態が、ずいぶん多く起きています。これが政治不信を招来し、政治が国民から遊離する主な原因ともなっています。倫理観は私生活だけでなく、公的な言動においても政治家としての資質を持たない人間が多く登場しています。

まず、第1の倫理観です。私は長らく政治を見てきました。結局のところ政治においては、やはり人間が大事なのだと痛感しています。そして、政治をおこなう人間において大切なのは倫理観であると思います。そういうものが非常に薄れてしまっているのが現在の政界です。さまざまな事態において、その実態を曖昧にしたままで、きちんと処理せず放置しています。

こうした観点から、私が公明党を評価しているのは、同党の政治家が政治倫理の問題では極めてきちんとしていて、国民の健全なる常識や倫理観に反しない言動をつねに心がけて活動しているからです。そして、その資質を高めるために日夜努力をつづけています。こうした事実から、私は公明党に好感を持っています。倫理の問題をいい加減に扱ってしまうと政治は堕落し腐敗します。これが私の政界に対する一番の心配です。

本当の〝大衆政党〟として活動する公明党

次に、見識、知性の問題です。政治家である限り一定の見識がなければいけません。できる限り高い知性を持ち、深い洞察力のもとで行動することが求められています。そういう点で現在の政治家の水準が非常に低下していることを憂いています。

小選挙区制に移行し、２大政党制を目指すという名目で、タレント的パフォーマンスしか持たない政治家が非常に増えてしまいました。本当の見識、知性というものを持ち合わせない人間が大量に政界に出現しています。そういう人たちがテレビなどのマスメディアに登場することによって政治の質が非常に低下しました。選挙が人気投票化してしまったのです。国民はこれを敏感に察知し、各選挙で非常な低投票率となっています。

政治家の中には、自分の専門をきちんと確立するために、勉強や調査をたゆまずつづけている人もいます。ある人はアラビア語を習得し、中東で単独でも活躍できるような能力を持っています。また、世界中を回って国際交渉ができるような人もいます。あるいは法律家としてきわめて優れた見識をもって立法作業に力を発揮できる人もいます。

本来、こうした資質を兼ね備えた人たちの集団が政党であるべきです。現在の国政第１党である自民党、第２党である民進党（２０１６年４月１日より発足）において、強く反省すべき部分が多いと思います。

第３は国民の立場、国民の目線に立つことの大切さです。私が経験したことから、これを強く感じます。ことに、左翼ならびに反体制派を名乗る勢力は「大衆」「民衆」と口にするのですが、意外にもその姿勢は上から目線で、国民や大衆をないがしろにしがちです。自分たちが左翼路線の論陣を張っていることで大衆の立場にたっていると誤解しています。

自民党のなかにも国民のことを考えている政治家もいるのですが、大勢は国民を下に見ています。そういう状況のなかで公明党のみなさんが本当の大衆政党として活動しています。ことに地方議員は日常的に地域をめぐり、住民の声に耳を傾けて困っている問題を一つひとつ解決にあたっています。こうした国民の目線に立って活動するという基本姿勢を多くの政治家が失いつつあるのではないかと懸念しています。私は戦後の政治をずっと見つづけてきましたが、最近は「国民のための政治」を心がける姿勢が政治家の間に薄れてきている気がします。

このままではさらに劣化する日本の政治

いま永田町において考えるべきことは、政治家が高い倫理観と、一定の見識を持つための努力を怠らず、つねに国民目線で考えて活動する姿勢を貫けるかどうかということです。昔の自民党には、功罪はあったものの派閥があり、研修会や勉強会を開催して政策を練る努力が続けられてきました。しかし、小選挙区制の誕生とともにそうしたこともなくなり、議員や候補者が勉強する機会が激減してしまいました。こうした状況に対する根本的な反省がないと、日本の政治は国民からの信頼を失い、さらに政治の劣化が進んでしまいます。いまこそ、こういう点を考えていかなければならないと思います。

とくに２０１６年４月24日には衆議院の補欠選挙があり、５月には伊勢志摩サミットの開催、つづく7月の参議院選挙では、場合によっては衆参同日選挙の可能性すら喧伝されています。

衆参同日選挙は憲法の趣旨からして誤りだと私は思いますが、首相の決断によっては、その可能性も否定できません。そういう２０１６年という大きな変化の時代であればこそ、政治家が倫理の問題、資質や理念の問題において自らの襟を正さなければいけないと思います。

４月24日には衆議院補欠選挙が予定されています。京都3区の補選は、自民党議員の私的なスキャンダルによる辞職が原因となっています。極めてなげかわしい事態です。政治倫理の問題を厳しく議論していく必要があると思います。

「平和と独立」を忘れた従米主義の政治家の跳梁跋扈を叱る

2013年12月号掲載

「あらゆる堕落のなかでもっとも軽蔑すべきものは――他人の首にぶら下がることである」（ドストエフスキー）

伊豆大島の被災現場に立って考えたこと

２０１３年10月28日、伊豆大島の被災地を取材してきました。台風26号による異常な豪雨によって土石流が発生し、森林をのみ込み、流木の混入によってさらに勢いを増した巨大な土石流が住宅街を襲いました。10月16日のことでした。10月28日現在、行方不明者は８人です。

災害の現場で日本の政治の役割とあり方を考えました。

もっとも大きな被害を受けたところの光景は、筆舌に尽くしがたいものでした。異常な大雨によって起きた深層崩壊で、流れ出た土石流が森林をなぎ倒し、さらに家々を倒し、流木と家材をのみ込んで、巨大な混合土石流となって街を押しつぶし、多くの人々の命を奪ったのです。マスコミで伝えられているイメージよりもはるかにひどい悲劇的現実を私は感じました。

伊豆大島に派遣された自衛隊員は約１０００人、警察、消防、国土交通省、東京都庁などの関係者約１０００人、合計２０００人が行方不明者の捜索とまちの復興のために懸命の努力をおこなっていました。行方不明者の捜索には機械を使うことができず、スコップを使っての手作業でおこなっていました。伊豆大島は悲劇の島になりました。本誌が読者の目に触れる頃には行方不明者がゼロになっていることを祈りながら、本稿を執筆しています。

被災地には深い悲しみがありました。大島の人々はものも言わず、ただ黙々として身内の捜索と自らの生活再建のために必死の努力をしています。もう少し政治がしっかりしていたら、これほどの大きな被害は避けられたのではないか、と私は考えました。国民の生命を大事にし、人間尊重の自立的政治を実現したいと思いました。

政治の第一の責務は国民の命を守ること

行方不明者の捜索中は誰も何も言いませんが、もう少し大島町当局に危機意識があり、事前に対策を講じていたら、これほどの大被害は回避できた、と多くの人は考えています。私もそうです。大島町役場の対応に問題があったと言われてもやむをえないでしょう。少なくとも避難指示はおこなうべきでした。東京都も、都からの情報が届いたか否かの確認を怠りました。政府にも検討すべきことはありました。反省すべきことは多々ありますが、こうした反省は、少なくとも行方不明者の捜索後におこなわれることになるでしょう。

災害対策には長期的視野とともに最悪事態を想定するだけの知恵が必要です。最悪事態を想定する思考力がなく、行き当たりばったり的に動いていては、巨大な自然災害を防ぐことはできません。

政治の第一の責務は国民の命を守ることです。防災・減災の国づくりのための努力が必要です。国の借金返済がすべてに優先する、防災対策は借金返済のあとにやるという考え方では、国民の生命を守ることはできないのです。政治は財政再建至上主義から脱却し、人命尊重第一主義に立つべきです。軍事より防災を重視すべきです。

アメリカ政府の意向に従う安倍内閣

私は、いま開かれている臨時国会は「従米」国会だと思っています。

国会は日本国民のため、防災・減災のための国会にすべきだと思います。

安倍晋三内閣が最優先で成立させようとしている「日本版ＮＳＣ」法案は、アメリカ政府の要請に応じて日本をアメリカ政府と同じ型にするための法律案です。安倍首相を事実上の「安倍大統領」にする法律案です。安倍内閣は、口を開けば「日米同盟のため」と言っていますが、日米関係は、正確に言えば、従属関係なのです。「日本版NSC」法案と一体なのが「特定秘密保護法案」です。これは従米法案であり、国民の知る権利と報道・取材の自由を抑制する治安立法です。国家公務員を脅し萎縮させることによって、政治家の独裁的権力をつくりあげようとするものです。これもアメリカ政府の「要請」にもとづいて今臨時国会に提出された法律案です。

この2つの法律案とセットになっているのが、解釈改憲によって安倍内閣が集団的自衛権の行使に踏み切ることです。解釈改憲という違法かつ卑劣な方法による集団的自衛権の行使は、アメリカ軍を守るために日本の自衛隊（自民党の憲法改正案が実現すれば「国防軍」）が戦争することです。これをやれば日本は平和国家でなくなります。

日本は従米・軍国主義国家をめざすのか

日本の自衛隊がアメリカ軍を守るため、アメリカ軍の「敵国」の軍隊を攻撃すると、アメリカの「敵国」は日本に対して報復行動に出るでしょう。これは不可避です。すべての日本国民と日本の国土が、アメリカの「敵国」の攻撃目標にされることになります。戦争は、いままで日本国憲法第９条が否定してきたことです。憲法第９条のもとでは集団的自衛権の行使は不可能であることは、これまで日本政府自身が言ってきたことです。

安倍内閣はこれまでの日本政府の憲法解釈を否定し、不戦の誓いを放棄して、戦争しようという姿勢です。安倍政権は、これは「日米同盟のために必要だ」と主張していますが、真実はアメリカの対日政策担当者の意向に従っているのです。

その他の政策（ＴＰＰ、オスプレイ配備、原発再開・原発輸出など）もアメリカの要請に従っておこなっていることです。消費増税もアメリカの強い要請に従っています。日本国民の意思よりもアメリカ政府の意向を重視するのは日本政府が従米国家をめざしていることを意味します。今国会は従米国会です。日本国民のための国会にしなければなりません。

無気力な国会議員にもの申す——「1人のガリバー（安倍首相）に対する600人以上の小人的国会議員たち」でいいのか？

2013年11月号掲載

「一将功成りて万骨枯る」（曹松）

安倍首相に従順すぎるほど従順な国民、野党、国会、大マスコミ

引用した格言は、唐末期の詩人・曹松の言葉の一節です。意味は「一将軍の戦功の陰には万人の兵が命を捨てている」ということです。私は、このまま安倍晋三首相を調子に乗せて国政を任せつづけたら、日本は衰退してしまい、ほとんどの国民

は骨になって枯れてしまうのではないか、と本気で心配しています。安倍政治の暴走を止めなければ大変なことになると私は思っています。

安倍首相は、いまや日本の独裁者です。安倍首相は２０１２年９月の自民党総裁選に勝利して以来、勝ちつづけています。同年12月、衆院選大勝による政権復帰。２０１３年６月、都議会議員選挙における記録的大勝利。同年７月、参院選による安定政権樹立。そして、同年９月のオリンピック委員会での勝利（２０２０年東京オリンピック決定）と、勝ちつづけています。世論調査の支持率も再浮上していきます。

10月以後は、消費税引き上げ決定と大規模な景気対策、企業の復興税の打ち切り、秘密保護法制定への動きの加速、ＴＰＰへの参加、集団的自衛権行使への解釈改憲への世論づくりの取り組み……など、これらはどれも国民に犠牲を強いるものです。国民大衆から収奪した税を恵まれている大企業に移転するような、中世以前の暴君がしたようなひどいことをおこなおうとしています。しかし、国民も野党も国会も東京のマスコミも、安倍首相に対しては従順すぎるほど従順です。無気力というほうが正確かもしれません。東京に本社のあるほとんどの大マスコミは安倍政権の用心棒のような存在になり、安倍政権を批判する政治家を攻撃し、言論人や学者を大マスコミから徹底的に排除しています。

東京に本社のある大マスコミが政界の大政翼賛化を支えている

このような動きに対して、与党議員だけでなく野党議員も無気力です。無気力と言われて怒る国会議員はいるでしょうか。私は怒ってほしいと期待しています。すべての政治家が一人残らず「お茶坊主」と言っているわけではありません。立派な批判者はいます。その一人が公明党の山口那津男代表です。公明党議員（51人）も山口代表と同じ立場です。山口代表は非常に柔軟な姿勢をとりながら、もの申すべきことはしっかりともの申しています。共産党、社民党も批判しています。しかし、公明党、共産党、社民党を除く衆参両院議員のほとんどが、安倍首相というガリバーに対して無気力な小人的国会議員に成り下がっているように私には見えます。

安倍首相は一人で暴走し、一人ですべてを決めようとしていますが、これらの問題は国権の最高機関である国会が責任を負うべき事柄です。憲法第41条には「国会は、国権の最高機関であって、国の唯一の立法機関である」とあります。国会議員にはこの自覚があるでしょうか。

公明党、共産党、社民党の両院議員の総数は75人です。これは全国会議員の約10%にすぎません。現在の日本の政治体制は、第2次大戦中の大政翼賛会体制に似ていますが、大政翼賛化率は戦時中の東条時代以上です。いまや日本の政治は安倍首相のもとで大政翼賛化してしまっているのです。日本はもはや民主主義国ではないのです。政界の大政翼賛化を支えているのが、東京に本社のある大新聞社と系列テレビ局です。

進む政治の独裁化

安倍首相がめざしているのは米国に従属する軍国主義国家日本をつくることだと私は思っています。憲法解釈変更によって日本を集団的自衛権を行使する国家に変えることは、日本国憲法の上に日米安保条約をおき、日本の自衛隊が米国のために戦う国防軍になることを意味しています。秘密保護法の制定は、米国並みの軍事秘密国家になることです。日本がミニアメリカ国家となるようなことです。ＴＰＰ受け入れにより、少なくとも日本農業と水産業、酪農は立ちゆかなくなるおそれ大です。安倍首相は日本国民の生活を米国の力ずくの政治によって踏みにじられる状況をつくろうとしている、と私にはみえるのです。

国内の経済政策にしても、国民すべてから消費税として搾り取ったものを、恵まれた大企業に配分するような奴隷制社会の独裁者のようなことをやろうとしているのです。

このような動きが露骨におこなわれていても、小人的国会議員の集団と化した国会は沈黙したままです。みなガリバーの安倍首相に従順です。最近は議論すらしなくなりました。

非民主的行動をとる安倍首相

１４５年前の明治維新のことを思い出してみましょう。１８６８年（慶応４年）、明治天皇は明治新政府の５箇条の基本政策を発表しました。これが５箇条の誓文です。第1条は「広く会議を興し万機公論に決すべし」です。明治天皇制国家は最後には軍事独裁国家となり、無謀な戦争をやって日本を破滅させてしまいました。それでも出発点は民主主義志向でした。この5箇条の誓文が、明治以後の日本の政治原理だったはずです。しかし、安倍首相は「広く会議を興す」ことに反した非民主的行動をとっています。

安倍首相は、自分一人ですべてを決めようとしているように私にはみえます。国会召集を遅らせています。自民党と公明党の協議にも後ろ向きです。自民党内には言論の自由がなくなっています。安倍首相は自らの考えに近い者だけを集めて独走しています。暴走しています。政治の独裁化が進んでいます。最近は態度まで傲慢になってきています。

平和主義と民主主義を回復するために、言論の自由のために起ち上がるべき時がきていると思います。戦争と独裁政治は破滅への道です。

総選挙で誕生するのは「過激なタカ派政権」か「調和的保守・中道政権」か「自公民3党大連立」か

2013年1月号掲載

「中和を致して天地位し、万物育す」（『中庸』）

政権の行方

２０１２年12月16日は日本の政治史において歴史的な日になると私は思っています。

２００９年８月30日の第45回衆議院議員選挙で自民・公明連立政権は敗北し、野に下りました。代わって民主党が政権をとり、鳩山由紀夫氏が首相に就任しましたが、沖縄問題で失敗し、わずか９カ月の短命政権に終わりました。次いで登場した第2代民主党政権の菅直人首相は２０１１年３月11日の東日本大震災への対応が混乱し、15カ月で終焉しました。民主党第３代の野田佳彦首相は、社会保障と税の一体改革の３党合意の「近いうちに信を問う」との約束に従い、衆議院を解散しました。投票日は12月16日です。

次の政権は、新たな議会の構成によって決まります。諸々の可能性がありますが、３つの政権の可能性が大きいと思います。

１つは、自民党と公明党の連立政権です。両党は２００９年夏まで約10年間にわたり連立政権を組んできました。選挙協力もおこなってきました。今回の総選挙においても選挙協力は密接でした。自民、公明両党の議席数が過半数を上回れば、自公連立政権の成立は確実だと思います。参議院での自民、公明両党の合計議席数は半数以下ですから、いわゆる衆参のねじれは続きますが、首班指名と予算の決定と条約批准は可能です。法律は全野党が反対に回れば成立させることはできませんが、この状態は２０１３年７月の参院選で解消できると考えられています。自公連立政権にとっては、短期間の辛抱です。

もう1つは自民党と日本維新の会の連立政権です。自民党と公明党の合計が過半数に届かず、維新の会が大躍進した場合には、「自民・維新連立政権」が登場する可能性が出てきます。維新の会は自民党との連立を求めると思います。維新側は「自公維新連立」も考えているようです。安倍晋三自民党総裁と石原慎太郎日本維新の会代表の考え方はきわめて近いと思います。集団的自衛権行使、憲法改正、中国への対決姿勢、原発推進などの諸点について共通のタカ派的思考をもっていますから、連立の可能性はあると思います。

3つは「社会保障と税の一体改革」で一致した民主・自民・公明3党の大連立政権です。この3党の中で最大の議席をもつのは自民党だとしますと、自民党首班のもとでの自公民連立政権ということになります。この3党連立の主目的は、2014年春と2015年秋の消費税率引き上げを円滑におこなうことです。2015年の増税が完了すれば3党連立の目的は達せられたことになります。ただし、総選挙後に野田首相（代表）の主導権が維持されている可能性は低く、少数派となった民主党が自公連立の付属物化を安易に受け入れることはないでしょう。野党になった民主党は出直し議論をはじめるでしょう。

世界各国で高まる穏健な保守・中道政権の潮流

２０１２年を通しておこなわれた世界の民主主義国の国政選挙の基本形は「過激なタカ派」と「穏健な中道」の対決でした。世界大恐慌前夜と言われるような深刻な経済危機下において、各国の政治は混乱し、政治の右傾化が進んでいます。１９３０年代と似た危機的な経済状況にあるのです。

このような時には右翼タカ派の政権が登場しやすくなります。右翼タカ派政権は周辺諸国との対立激化をめざします。小児病的愛国主義がタカ派政権の味方になります。

しかし、欧米における国政選挙の結果は、意外なものでした。穏健派の中道勢力が国民から支持されたのです。この背景にあるのは自覚せる女性層の発言力の増大です。これが国民世論を「穏健な中道」の方向に導いているようです。穏健なる中道路線の拡大が、大不況下の社会の対立と混乱を抑制する役割を果たそうとしているのです。

さて、12月16日、日本はどうなるでしょうか？　自民と公明の連立政権が登場するでしょうか。自民と維新という過激なタカ派政権が生まれるのでしょうか。それとも小型化した民主党を含む「自公民3党連立」でしょうか？　すべては国民の投票の結果決まることですが、周辺諸国との対立を深めるタカ派政権の登場だけは許すべきではないと思います。

新政権は平和政策をとるべし

2012年12月16日におこなわれる第46回衆議院議員選挙で国民の審判を受ける政治課題は内政、外交全般にわたっています。

内政面では民主党政権全体の総括があります。おそらく国民は、民主党政権を許さないと思います。幼稚な政治行動、公約違反、詭弁と言い訳と嘘など、民主党政権は国民の厳しい批判を受けるでしょう。国内政策の面では、東日本大震災の復興の遅れ、原発事故対策と放射能、経済政策とデフレ不況対策、増税、TPP、沖縄問題等が国民の審判を受けます。

総選挙戦の論争において、多くの政党、候補者が逃げたテーマがありました。それは尖閣諸島問題と日中関係です。野田内閣は日中関係悪化の原因についてあまり触れていません。野田内閣は対中国政策で、明らかに大きな過ちを犯しました。「日中新冷戦」と言われるほど日中関係を悪化させました。これについて野田首相は真相を明らかにして、詫びるべきは詫びるべきでした。しかし、謝罪しません。野田内閣は、中国との外交上の対話を避けているように私には見えます。外交的対話がなくなった時には、軍事的対立にならざるをえません。

このような危ない状況を早期に解決する必要があります。戦争を回避することは、いちばん大事なことです。新政権は平和政策をとるべきです。このためには中国政府との外交上の対話をはじめるべきです。これをやることのできる政治家が政権を担うべきです。

尖閣諸島をめぐる領土紛争のみに興奮し、平和主義の大切さを忘れた愚かな民主、自民両党の政治家の大罪

2012年11月号掲載

「本当に重大な機会は人生にはめったに訪れない」（シラー）

平和・友好関係から対立・紛争の時代へ

１９４５年の大日本帝国の敗戦から67年たちました。この間、日本は平和主義に立つ経済国家として生きてきました。ところが２０１２年9月、この日本の生き方を変えました。これをしたのは野田佳彦民主党内閣です。野田首相は大罪を犯しま

した。

9月11日という日は何回も「歴史的な日」になっています。

２００1年9月11日はアメリカで同時多発テロが起こされ、ニューヨークの世界貿易センタービルに航空機が突っ込み、多数の犠牲者が出ました。この日は「セプテンバー・イレブン」として歴史に刻まれています。

日本においては２００５年9月11日、小泉純一郎首相のもとでおこなわれた郵政民営化問題を主題にした総選挙の日として記録されています。そして、２０１２年9月11日は、日本の政治史上重要な日となりました。野田内閣が尖閣諸島の国有化を閣議決定した日です。

この日を境にして、日本の大多数の政治家は平和憲法にもとづく平和主義を放棄し、集団的自衛権を行使する軍国主義への道に進もうとしています。野田内閣の「尖閣国有化」の閣議決定を機に、中国において大規模な反日運動が巻き起こりました。多くの中国にある日本企業や商店、レストランがデモ隊の襲撃を受けました。その後デモは鎮静化しましたが、日本と中国の関係は、従来の平和・友好関係から対立・紛争に変わりました。日本と中国、日本と韓国は相互不信の関係になりました。きわめて残念なことです。

民主党は寝た子を起こしてしまった

野田政権の「尖閣国有化」の決定は、決定の時期、決定による激変を緩和する措置のなさ、その他の有効な方法があったにもかかわらず中国政府を怒らせるほどの強引さで決定されたことなど、すべての点で野田内閣は間違ったことをした、と私は思っています。

日本は領土紛争を日本側から起こしてはならなかったのです。極端に言えば、石原慎太郎東京都知事が購入したとしても、日本政府は不関与の姿勢を貫けば、それで済んだのです。たとえ石原知事が大暴れし、東京のマスコミが石原知事を応援しても、野田政権は動じてはならなかったのです。中国がもっとも重視していたのは、野田内閣がどう動くかでした。国際的にみれば、石原知事は大した存在ではないのです。中国がとくに重視したのは、野田政権が従来の日本と中国との合意を守るか否かでした。そして野田内閣は過去の約束を踏みにじったのです。

１９７８年に日中平和友好条約を締結した時、尖閣諸島の領有権問題が議論されましたが、両国政府の交渉者はこの問題を棚上げして、平和友好条約を締結しました。この時、日中両国の交渉者は尖閣諸島について暗黙の合意をしました。概略を言えば、日本が尖閣諸島を実効支配している現実は変更せず、中国側も実力を行使せず、問題の解決を後世にゆだねるというものでした。この合意は日本側にとって悪いものではありませんでした。１００年でも２００年でも黙っていれば日本の領土として扱うことができるからです。しかし、民主党政権はあまりにも未熟でした。「領土問題は存在しない」と内外に向かって叫び出したのです。野田内閣は中国側を追い詰めたのです。民主党政権は寝た子を起こすようなことをしてしまったのです。とくに石原知事と野田政権の中国側に対する挑発的なやり方は中国政府を怒らせました。

日本の外務省の中には、国有化決定はすべきではないとの考えがありましたが、野田首相、玄葉光一郎外務相、藤村修官房長官は、こうした意見に耳を傾けませんでした。さらに、閣議決定する時期について、人事を決定する中国共産党のきわめて重要な大会の前にやるべきではないとの進言がありましたが、野田首相らはこれも無視しました。そして、強引に相手国の神経を逆なでする形で「尖閣国有化」の閣議決定をおこなったのです。

さらに、中国の国家元首である胡錦濤中国国家主席の野田首相への直接の反対の申し入れに柔軟な態度をとり、しばらく閣議決定を延期すべしという意見も無視しました。こうして中国政府を最大限に刺激する形で領土紛争を起こしたのです。

「平和主義にもとづく経済国家」の本道を進むべし

民主党と自民党の政治家の多くは、尖閣紛争が起きて以来、興奮状態にあります。マスコミも興奮しています。国民の中からも「中国を許さない。中国と戦争しよう！」という声が出はじめています。私自身、東北地方、東京、関西での講演のあとの懇談会で「中国と戦争やるべし」との叫びを、主として中小企業経営者から聞いています。この40年間ほどの間、全国各地で講演し、懇談会に出席し、国民各層の声を聴いてきましたが、複数の中小企業者から同時に「中国と戦おう！」という声を耳にするのは、はじめてのことです。石原知事の側近は私に「流血をいとわず中国と戦う」と言っていましたが、このような考えが広まってきていることは重大です。きわめて危険です。１９３０年代と似た空気を感じます。

いま警戒すべきは、領土紛争を拡大し、軍事的衝突をたくらむ冒険主義者の動きです。

政治家は国家間の紛争が起こるとすぐに興奮してしまいます。そして、興奮すると広い世界も日本も客観的にみることができなくなります。政治家の中には紛争、戦争好きが意外なほど多いのです。いま大切なことは日本の基本路線である「平和主義にもとづく経済国家」の本道を迷うことなく進むことだと、私は思います。国際紛争・戦争への道は百害あって一利なしです。人類は平和共存するしか生きる道はないのです。

第3章

平和主義を堅持できない政治に喝！

平和と戦争の岐路に立たされた安倍政権

「剛強なるは必ず死し、仁義たるは王なり」（『古文真宝』）

2015年12月号掲載

オバマ大統領の中国への冒険主義的挑発

米国バラク・オバマ政権が平和主義の衣を脱ぎ捨てて、中国に対する露骨な挑発的軍事行動に動き出しました。中国が挑発に乗ったら戦争になります。中国側は忍耐し、持久戦の構えをとっています。南シナ海で米国海軍と中国人民軍とが軍事的に直接対峙する事態になりました。いままで平和主義を守ってきたオバマ大統領が、大統領選挙を前にして、対中国強硬路線に転じ、中国との軍事対決の賭けに出たのです。

今回のオバマ大統領の行為で、私は、１９３２年の大統領選でニューディール政策を掲げて大統領に就任したフランクリン・ルーズベルト（民主党）が、２回目の大統領選の頃、平和主義を捨てて軍国主義路線に転向したことを思い出しました。１９４０年代に入ると、ルーズベルトは日本を徹底的に挑発し、日本軍部をして米国に対して先制攻撃をさせることに成功したのです。日本軍部は、ルーズベルトの挑発に見事に乗せられて自ら開戦し、敗北して、滅亡しました。オバマ大統領は平和主義者から軍国主義者に転向したルーズベルトに似ています。

持久戦に入る米中関係

中国政府が「中国の領海」であると主張している海域へ米国海軍のイージス艦を出動させたのは、米国政府にとって大きな賭けです。オバマ大統領は習近平主席を追い詰めました。いま世界中が、習主席がどう動くかを注目しています。習主席は、オバマ大統領の冒険主義的挑発には乗らないと、私は思います。

習主席にとっても、オバマ大統領の軍事的な挑発を受けて、すぐに屈服するわけにはいかないと思います。戦争する意思はなく平和を願っているとしても、直ちに引き下がれば、米軍のさらなる攻勢を受ける恐れがあるからです。国内紛争も起こる恐れがあります。政治的に後退するにしても、徐々におこなうと私は予想しています。現状が維持されるとしても、軍事的衝突の危険は存在し続けます。持久戦に入ると思います。

「米中新冷戦」が長期化すれば……

この状況は「米中新冷戦」というべき状況です。現状においては、近隣諸国のほとんどが中立的態度をとるでしょう。中国を支持する国はロシア、北朝鮮のほかは、ほとんどないと思います。米国政府を支持し、ともに行動する国も、日本、フィリピン、オーストラリアのほかは、ほとんどないと思います。他の国々は中立的姿勢をとって事態の推移を見守ると私は予想します。

安倍晋三政権はどうするでしょうか？　米国からは、米軍とともに軍事出動すべしとの誘いがあるようですが、安倍首相は迷っているようです。

米中新冷戦が長期化すれば世界経済、とくにアジア経済への影響は小さくないでしょう。中国、日本などアジア諸国の経済の低迷は避けられません。アジア諸国の産業は軍事産業にシフトする可能性があります。しかし、軍事的緊張地域から離れている米国の経済は繁栄局面に入る可能性は高いと思います。

安倍内閣の沖縄への対応

安倍政権は南シナ海へ自衛隊を出動させるか否かについて迷っているようですが、しかし、沖縄・辺野古米軍基地化に向かって猛然と暴走しはじめています。

沖縄・辺野古の情勢も緊迫してきました。日本政府の動きはにわかに忙しくなってきているように思います。オバマ政権の中国への軍事的挑発による東アジアの緊張激化に連動して辺野古米軍基地化が進められます。日本政府は米中軍事対決の中で、辺野古の米軍基地化を急いでいます。安倍内閣は工事を急ぎ強行する構えです。安倍政権が米中対立激化の状況を背景にして辺野古米軍基地化工事を強行すれば、沖縄において騒乱が起こる危険があります。翁長雄志沖縄県知事は老練な政治家ですから、マハトマ・ガンジー的対応をすると思いますが、沖縄・辺野古問題は全国的な政治問題となるでしょう。

日米軍事同盟対オール沖縄の対決において日米軍事同盟の力は強大です。安倍政権は、沖縄県民の分断工作のためにカネをバラまくでしょう。乱暴なこともするでしょう。

いま、世界中が辺野古を注視しています。米軍と安倍内閣が、沖縄県民に残酷な弾圧を加えれば、日米同盟が世界から孤立するおそれがあります。

「もはや日本に野党は存在しない」との声が、たびたび耳に入ります。「一強多弱」と言われていますが、いまや日本の政治においては安倍独裁体制が確立してしまっています。

問われる野党の責任

野党にとって、政府に臨時国会を召集させることができるか否かは、野党の存立そのものにかかわるほど重大事です。野党第2党の維新の党は解体寸前です。政党助成金の奪い合いをしているようでは、もはや政党としての資格はありません。民主党内部の混迷も深刻です。野党の主導権は共産党に移った感すらあります。

野党は全政党が年末までに解党し、年末に「反安倍統一戦線党」を結成すべきです。野党は「親安倍勢力」と「反安倍勢力」に二分すべきです。野党内の反安倍勢力は、目標を2016年7月の参院選での安倍政権打倒一点で団結すべきです。これこそが野党再生への道だと私は思います。野党よ!・元気出せ‼ と叫びたい気持ちです。

安倍内閣による安保法制法案が成立した日、日本政府は米国政府の下請け機関となる

2015年7月号掲載

「危殆《あやう》きこと卵《かひこ》を累《かさ》ぬる」（日本書紀）

日中対立の激化は米国軍部の戦略

安倍政権は米国バラク・オバマ政権と一体化し、日米軍事同盟を強化し、日米同盟の強大な軍事力をもって力ずくで中国の台頭を抑えつけようとしています。日米軍事同盟の中国封じ込めの動きに中国は強く反発しています。いまのままでは、日

本と中国の軍拡競争がエスカレートするおそれ大です。いつ軍事衝突が起こるかわからない危うい状況になります。

日米軍事同盟と中国との対立が激化しますと、日本政府の米国政府への依存関係はさらに深まります。核兵器をもたない日本と核保有国の中国との対立関係が深刻化すれば、日本は核保有国の米国政府に助けを求めます。東シナ海における日本と中国の緊張関係の激化は、日本政府のさらなる従米化を狙う米国軍部の戦略に沿っています。

戦後日米関係の出発点はポツダム宣言12項

２０１５年5月末の国会で、ポツダム宣言のことを問われた安倍晋三首相は「読んでいない」と答えました。これには驚きました。30年前であれば、首相がポツダム宣言を読んでいないと国会で発言すれば、内閣不信任案が提出され、可決され、退陣に追い込まれていたでしょう。しかし、安倍首相の責任を追及する声はありません。野党もマスコミも無言です。みんながポツダム宣言を読んでいないし、知らないのです。ひどい話です。

ポツダム宣言は日本の戦後政治の出発点となった歴史的に重要な政治文書です。ポツダム宣言の12項（事実上、最後の項）は、占領軍の責任を明記しています。引用します。

「前記諸目的ガ達成セラレ且日本国国民ノ自由ニ表明セル意思ニ従ヒ平和的傾向ヲ有シ且責任アル政府カ樹立セラルルニ於テハ聯合国ノ占領軍ハ直ニ日本国ヨリ撤収セラルベシ」

連合国の占領軍は、ポツダム宣言が日本政府に求めた諸事項を日本が実行したならば「直ニ日本国ヨリ撤収セラルベシ」と約束したのです。

戦後間もなく連合国の占領軍は、事実上米軍だけになりました。その頃から米占領軍のポツダム宣言無視がはじまりました。本来なら、対日講和条約締結の時に米占領軍は撤退しなければなりませんでした。これがポツダム宣言の約束です。しかし、米国政府は日本政府に日米安保条約（第1次＝1951年調印）を押しつけ、日本に米軍基地を置きつづけるようにしたのです。日米安保条約の締結はポツダム宣言12項を葬り去ったのです。日米安保条約（第1次）は、事前に国会にも国民にも知らせることなく、秘密裏に調印されました。米国政府が日本に強引に押しつけたのです。第１次安保条約は憲法に違反する非合法条約であり、破棄されるべき違法条約でした。

この矛盾に蓋をするためにおこなわれたのが、１９６０年の岸信介内閣による安保改定でした。安保改定によって日本に米軍基地を置き続けることを合法化したのです。

安保改定を推進した岸首相は、強引に安保改定を強行成立させましたが、国民の激しい批判を受けて退陣に追い込まれました。60年安保闘争の結果、岸内閣は崩壊しましたが、米軍基地は残りました。安保改定によって日本は恒久的従米国家にされてしまいました。

安倍内閣による日米軍事同盟の完成

１９６０年の日米安保改定から55年たちました。この55年間に日本の指導層だけでなく日本国民の多くが「日米同盟」の支持者になりました。大多数の日本人が米国政府によってマインドコントロールされてしまいました。「独立自尊」の思想は衰えました。「米国が善、米国に反対する国は悪」という意識が日本国民を支配してしまっています。米国政府と安倍政権が非難を続ける中国への警戒心が日本国民の中に広がっています。中国を敵対国と見なす日本人が増えています。しかし、中国は悪い国ではありません。

米国政府は、米国政府に忠実すぎるほど忠実な安倍首相を支持しています。米国政府に支持された安倍首相は強大な権力者になりました。与党議員は安倍首相に従順です。野党議員も安倍首相に対して及び腰です。マスコミも従順です。安倍首相は大権力者になりました。最近の国会における安倍首相のわがまま勝手な態度は異常です。

安倍首相が強引に進めている安保法制が成立する日、日本政府が米国政府の下請けになり、日本の自衛隊が米軍の下請け軍隊になり、日本国民が米国政府のジュニアパートナーにされる日だといったら言い過ぎでしょうか⁉

防衛費増大で財政は硬直し日本経済は行き詰まる

安倍政権が日米軍事同盟強化を米国政府に約束した結果、日本の防衛費負担は大幅に拡大します。景気回復には財政拡大が必要です。防災・減災・国土強靭化を推進する社会資本整備のための公共投資も必要です。観光立国のための社会資本整備も大きな課題です。しかし、米国政府の圧力に弱い安倍首相は防衛費拡大を最優先に受け入れるでしょう。

しかし、財政は逼迫しています。財務当局は「２０２０年プライマリーバランス黒字化」実現に異常なほど熱心です。財政再建を急げば景気回復が遅れます。悪くすると不況に再突入します。安倍政権にとって経済が試練です。日米軍事同盟への深入りと防衛力増強により、財政力が弱まり、日本経済の足をすくうことになるおそれ大です。

日米首脳会談は日本国憲法第9条を踏みにじり、日本を無法国家・従米軍国主義国に変質させた

「政治においては、なにをしても軽蔑されない」（ディズレーリ）

2015年6月号掲載

目に余る安倍首相の独裁的暴走

安倍晋三首相の訪米、日米両国政府の外務・防衛両相の「2＋2」、日米首脳会談、安倍首相の米議会演説によって、日本の自衛隊の行動範囲を「極東」から「全世界」に広げ、後方支援の名目で米軍とともに軍事行動をおこなうことになりまし

た。これは、どのように拡大解釈しようとも、日本国憲法に違反していることが明らかです。安倍首相はさらに、改定された日米防衛協力指針にもとづく安保法制整備を２０１５年の夏までに必ずおこなうことを、２度も宣言しました。明らかな逸脱です。安倍首相の独裁的暴走は目に余ります。

安倍首相の憲法違反は明白です。あらためて日本国憲法第９条を確認しておきます。

《日本国民は、正義と秩序を基調とする国際平和を誠実に希求し、国権の発動たる戦争と、武力による威嚇又は武力の行使は、国際紛争を解決する手段としては、永久にこれを放棄する。

前項の目的を達するため、陸海空軍その他の戦力は、これを保持しない。国の交戦権は、これを認めない。》

日本国憲法が容認できる限界の専守防衛は踏みにじられた

この憲法第９条をどんなに拡大解釈しても、武力行使が認められるのは専守防衛の範囲においてです。しかし、今回の日米首脳会談と「2＋2」による日米防衛協力指針改定により、集団的自衛権行使を強行することになりました。専守防衛も日本国憲法第9条も否定したのです。2014年7月1日の閣議決定をも乗り越えました。公明党との与党協議も踏み潰しました。安倍首相は暴走してしまいました。安倍首相は憲法を守らないこと、米軍とともに全世界で戦争することを宣言したのです。

日米首脳会談が日本国憲法を踏みにじったことで、日本は事実上、憲法なき国になってしまいました。日本は無法国家に変質させられたのです。この日本の国政の大転換を安倍首相一人で強行したのです。安倍首相の大罪を許したら、日本に未来はありません。

「米国の、米国による、米国のため」の安倍政治

安倍首相は「日米同盟の歴史に新たな1ページを開いた」と胸を張りました。日米関係は新段階に入った、と言うのです。2015年4月28日のNHK「NC9」

でリチャード・アーミテージ元米国務副長官は「自衛隊は米軍を守るために命をかけると日本政府は誓った」と、日米同盟新段階の意味を明確に語りました。自衛隊は命がけで米軍を守る軍隊となりました。

繰り返します。今回の日米会談において、日本の自衛官は米軍を守るために命をかけることを誓わせられることになったのです。いままでは、自衛隊の武力行使は専守防衛に限られていました。今回の日米首脳会談によって、この制約は外されました。日本の自衛隊は、全世界において米軍を守るために命をかけることになったのです。日本の自衛隊は「米国の、米国による、米国のための軍隊」にさせられたのです。これは、明らかに「専守防衛」路線の否定であり、日本国憲法第９条違反です。

このような国政の基本問題の転換は、日本の国会が決定すべきことです。憲法第41条は「国会は、国権の最高機関であって、国の唯一の立法機関である」と規定しています。

しかし、日米首脳会談で安倍首相が同意した安保政策の大転換は、国会においては議論もされていません。与党協議においても意見の一致をみていません。自民党内でもほとんど議論していません。安倍首相とごく一部の側近で暴走しているのです。

このような安倍首相の暴走と国会無視のやり方には、いままで安倍首相の御用機関だったマスコミの内部からも批判が高まっています。

政府は憲法と法律を守れ

戦後70年を振り返ってみますと、日米間の防衛問題は、国民も国会も無視して決められてきました。1951年の第1次日米安保条約は国会で何ら議論せず、国民的議論はまったくないまま、サンフランシスコの米軍事施設において、米軍から呼ばれた吉田茂首相一人が署名しました。これが第1次日米安保条約の調印でした。その後、サンフランシスコ2条約として批准されたのです。第1次日米安保条約は事実上、非合法に調印されたのです。

もう1回あります。1960年の日米安保改定条約です。この時も、ほとんど国民的議論をおこなわず、国会においても自民党の多数で押し切るという強引なやり方で成立させました。

日米安保に関する問題は、いままでも国民と国会を無視してきたのです。今回の安倍首相のバラク・オバマ米大統領への約束も、国民的議論も国会議論もほとんどおこなわれずに、為されたのです。自衛隊の行動範囲を「極東」から「全世界」に広げる新安保法制の制定の時期まで、安倍首相は米国に約束しました。日本は米国政府に従属して米軍とともに武力行使する国になることを宣言したのです。安倍首相は日本国民の命を米国政府に売りました。

政府が憲法を守らなくなった国は無法国家に等しい存在です。安倍首相は盛んに「自由と民主主義」を語っていますが、実態は自由と民主主義とは真逆のことをしています。

今回の日米首脳会談は、日本国憲法も国会もそして日本国民をも踏みにじりました。日本は事実上、憲法なき無法国家に転落しました。これ以上、安倍首相の暴走を許すことはできません。国会とマスコミは法と民主主義を守るために起ち上がらなければなりません。

平和憲法体制を解体し、米軍とともに戦争する軍事国家をめざす安倍首相流ショック・ドクトリン

2015年4月号掲載

「剛強なるは必ず死し、仁義なるは王たり」（『古文真宝』）

オバマ米大統領への貢ぎ物の準備を急ぐ安倍首相

安倍晋三首相は大風呂敷を広げるだけ広げて、先を急いで駆けはじめています。憲法改正のための国民投票を２０１６年夏の参院選後におこなうとのスケジュールを示しました。２０１６年夏の参院選で憲法改正派議員を３分の２以上にしたう

えで国民投票をやろうというのです。大風呂敷を広げたものです。私は一種の「こけおどし」だとみていますが、多くの人々は「安倍はやる」とみています。２０１６年夏の参院選で、憲法改正派を参議院３分の２以上にするためには衆参同日選挙を強行する必要があります。憲法改正を叫べば叫ぶほど同日選挙熱は高まります。政局は混乱気味になります。

周辺事態法から「周辺」を取り去って、自衛隊が地球上のどこへでも出動できるよう改正をおこなう方針を出しました。ホルムズ海峡などに自衛隊を出動させることができるようにする恒久法制定の方針も出しました。自衛隊の武器使用基準も緩和します。自衛隊のシビリアンコントロールも緩くします。自民、公明の与党協議を２０１５年３月末までに決着させる方針ですが、私は公明党がこの政府案をそのまま受け入れることはないとみています。

ＴＰＰも米国案を受け入れる方向です。このために農協改革をやろうとしています。

これらはすべて、安倍首相にとっての上役のバラク・オバマ米大統領への貢ぎ物です。

安倍首相の玉木雄一郎議員への憎悪と報復

安倍首相には、中国、韓国と和解する気はないようです。「戦後70年の安倍談話」づくりの間、安倍首相は中国政府、韓国政府への挑発的言動を繰り返すでしょう。日中首脳会談、日韓首脳会談は遠のくばかりです。安倍首相の狙いは、日本国内の反中国、反韓国ナショナリズムを高揚させることによって、安倍首相の政治的基盤を固めることだと思います。

安倍首相は2015年2月20日の衆議院予算委員会において、民主党の若きエース・玉木雄一郎議員に対する憎悪を爆発させました。こともあろうに、首相席に座ったまま質問中の玉木議員に大声でやじを飛ばしたのです。しかも、このやじで叫んだことは間違ったことでした。

このため安倍首相は謝罪に追い込まれました。もしも強力な野党が存在していれば、安倍首相は懲罰動議を出されていたでしょう。

これも「もしも」ですが、自由民主党内に安倍批判勢力がいたら、出された懲罰動議は可決されたかもしれないのです。安倍内閣は倒れたかもしれないのです。安倍首相は野党の非力に救われました。

安倍首相と側近たちは国会審議の焦点を「西川問題」（西川公也前農林水産相のカネの問題）に切り替えることによって「安倍やじ問題」のもみ消しをはかりました。この企みは成功しつつあるようにみえます。

戦前の軍国主義体制と似てきた安倍政権

他方で、安倍首相と側近たちの、マスコミを使っての玉木議員への報復がおこなわれました。政治権力の手先として使われたのは『産経新聞』でした。東京の一部の新聞社の堕落は目に余ります。

玉木議員は、2月22日の〈たまき雄一郎ブログ「権力とメディア」〉でこう書いています。

《取材に来た記者たちも、暗に自民党サイドからの情報提供および取材依頼であることを示唆した。（中略）たぶん、私がこれ以上、西川大臣の疑惑追及をしないよう、玉木にも同様の問題があると指摘して、産経新聞と夕刊フジを使って私を潰そうとしたのだろう。そもそも、フジサンケイグループの二社だけがそろって取材に来たこと自体不自然だ》

安倍政権は、戦前の軍国主義体制と似てきた感があります。メディアを使って政権を批判する政治家を潰そうとしているのです。スターリン体制にも似てきました。批判者への憎悪をむき出しにして、御用新聞を使って政治的報復をおこなうのです。

全世界に広がる安倍首相への警戒感

米国のオバマ政権は、日本と中国との対立を利用してアジアを分断し、米国がアジアを支配しようと狙っているため、利用価値のある日本の安倍首相の反中国的言動や歴史修正主義などを大目に見ています。日本を集団的自衛権行使に踏み切らせたり、ＴＰＰを米国の主張するとおりに受け入れさせるためには、安倍首相の歪んだ歴史意識は問題にしないというのがオバマ米大統領の態度です。

オバマ米大統領は政治の大義よりも現実の利益のほうをとっているのです。ドライな政治家です。しかし、米国の国民世論は安倍首相に対して厳しくなっています。ヨーロッパ各国政府は安倍首相の歴史認識問題には沈黙をしていますが、世論は安倍首相の極右思想には批判的です。欧米のメディアは安倍首相の極右主義に対して強い警戒感を示しています。世論の力が強くなれば、政府も世論に引きずられるでしょう。中国、韓国以外のアジア諸国も同様です。

中国と韓国は、国民も政府も安倍首相のおこなう政治に対して強い警戒感をもっています。

全世界の反安倍世論は、２０１５年夏から秋の「戦後70年記念」の催しで高揚するでしょう。安倍首相は世界から孤立することになるでしょう。

安倍首相と側近たちは世界の動きに鈍感すぎます。世界は平和を求めています。この世界平和への大きな流れに逆らって、軍国主義に向かっているのは、日本と米・英・豪のアングロサクソンだけです。日本国民は、安倍政治の危うさに早く気づくべきです。

岐路に立つ日本——日本政府は平和中立主義を堅持するのか、それとも米国主導の有志連合に加わるのか

2015年3月号掲載

「このままでいいのか、いけないのか、それが問題だ」（シェイクスピア『ハムレット』、小田島雄志訳）

安倍首相の前のめり的反テロ声明

「イスラム国」は、米国主導の有志連合を「十字軍」と呼び、日本が十字軍に加わったと見ています。日本は「イスラム国」から敵対国とみなされることになりまし

た。世界中のジャーナリズムは、日本の〝その後〟を注視しています。日本はこの人質事件を経て平和主義を強めるのか、それとも逆に米国とともに戦争する国になるのか、です。

安倍晋三首相は２０１５年１月27日の国会答弁で、２０１４年８月に１人の日本人が、さらに２０１４年10月にもう１人の日本人（ジャーナリスト）が行方不明になったことを知って内閣のもとに調査機関を設けた、と発言しました。安倍首相は、２人の日本人が「イスラム国」の人質になったことを知った上で中東を訪問し、反「イスラム国」姿勢をとることを明言したのです。

安倍首相は１月17日、カイロで「『ＩＳＩＬ（イスラム国）がもたらす脅威を少しでも食い止めるため』や『ＩＳＩＬと闘う周辺諸国に』支援を約束する」と発言しました。安倍首相は日本が反「イスラム国」＝有志連合の立場に立つことを宣言したのです。

「イスラム国」は、この安倍発言に直ちに反応しました。２人の日本人人質の映像を公表し、安倍首相が支援を約束した２億ドルと同額を身代金として要求しました。さらに、人質の１人を殺害し、ヨルダンに拘束されている女性死刑囚釈放を後藤健二氏解放の条件にしました。安倍首相は「人命第一」を強調し、ヨルダン政府に協力を要請する一方で「テロとの戦い」を声高に叫びました。1月27日の衆議院代表質問で2億ドル支援声明について問われた首相は「人道支援は国際社会の一員として当然の責務だ。テロリストの脅しに屈すると周辺国への人道支援はできない。わが国は決してテロに屈することはない」と答弁しました。人質事件の結果は悲惨でした。安倍首相は「罪を償わさせる」と声明しました。

自衛隊の恒常的中東派兵への安保法制整備へ

安倍内閣は自衛隊を恒常的に海外へ派兵できるようにするための法整備を急いでいます。安倍首相は人質事件をめぐって「人命尊重」とともに「テロとの戦い」を繰り返し発言しています。安倍首相が自衛隊海外派兵への安保法制整備を急ぐ目的は、中東で発生する紛争への備えとしての自衛隊派遣です。「イスラム国」が「日本は十字軍に加わった」と判断した結果、発生する危険な事態に備えようとしている、と見なければなりません。

安倍首相の「イスラム国」を呼び込んだと言われている今回の言動については、「軽率」説、「暴走」説、「深慮遠謀」説などいろいろな見方があります。私は「深慮遠謀」説に近い見方です。安倍首相は米国と一緒に「イスラム国」と戦うことを決意し、このような事態に至ることを想定した上で中東諸国を訪問し、反「イスラム国」宣言をし、2億ドル支援声明をおこなった、と私は判断しています。安倍首相の「人命第一」の強調は、世論対策だと思っています。安倍首相は犠牲を覚悟した上で確信をもって対処している、と私には見えます。安倍首相の目的は自衛隊の海外派兵のための法整備です。安倍首相は、米国、英国とともに「イスラム国」と戦う覚悟を固めたうえでやっている、と私は判断しています。

自衛隊の中東派兵の強行も

安倍首相は、憲法改正を主張してきた歴代の自民党内閣の首相と違う性格の首相だと私は思っています。従来の首相は、憲法改正を自らの政権の間は実行しないとの立場をとってきました。歴代自民党首相は、自民党の綱領の第1項目の「憲法改正」には賛成の態度をとるけれども、自らが首相の時代には手をつけようとせず、先送りしてきました。しかし、安倍首相は、なにがなんでも自分の手で憲法改正を断行したいと考えていることは明らかです。集団的自衛権行使による自衛隊の海外派兵など、憲法改正しなければできないことを強引にやろうとしています。

安倍首相は憲法第96条（改正条項）の手続きに従った法律上の改正が早期にできないと判断して、閣議決定で憲法解釈の変更を強行しました。この閣議決定をもとにして、自衛隊の海外派兵を恒常的に可能にする法整備をしようとしています。安倍首相は今回の「イスラム国」日本人人質事件を契機にして自衛隊の中東への派兵を強行しようとしている、と私は見ています。

大きな岐路に立つ日本

最近、日米関係についての詳しい報道はおこなわれなくなりました。国民に知らされるのは表面的なことだけです。日米関係の実態は秘密のベールに包まれてしまっているように私は感じています。国民に秘密にしているのです。日米間では軍事・防衛関係だけでなく経済・金融関係も動いています。国民には日米関係の深部の動きを知ることはできません。

「イスラム国」日本人人質事件を通じて日米政府間の関係はさらに密接化し、同時に秘密化が急速に進んでいます。特定秘密保護法の制定によって日米関係は国民の目からいっそう遮断されるようになっています。国民に見えないところで従米化が深まっています。

「イスラム国」日本人人質事件を通して、安倍政権は米国バラク・オバマ政権の世界戦略の中に組み入れられてきています。自衛隊の海外派兵への安保法制整備だけではありません。ＴＰＰ、農協改革と農協関係マネーの自由化、郵政株公開、沖縄・辺野古米軍基地建設の強行など、安倍政権の暴走の背景に米国への従属の深化があることを見過ごすべきではないと思います。安倍首相のもとで、米国への従属が急速に深まっているのです。安倍政権下で、日本の平和と国益は脅かされてきているのです。

日米同盟堕落論――解釈改憲という詐欺に溺れた安倍首相とオバマ米大統領

2014年8月号掲載

「息の香の臭きは主知らず」（日本の諺）

安倍首相らはなぜ憲法第96条を使おうとしないのか

日本国憲法には改正規定があります。第96条です。以下に引用します。

「この憲法の改正は、各議院の総議員の三分の二以上の賛成で、国会が、これを発議し、国民に提案してその承認を経なければならない。この承認には、特別の国民投票又は国会の定める選挙の際行はれる投票において、その過半数の賛成を必要とする」

最近、国民投票法が成立しましたから、憲法改正を実行できる環境が整いました。最近の国会においては憲法改正派が護憲派を圧倒しています。現状であれば衆議院、参議院ともに発議に必要な総議員の３分の2をとることが可能です。そのうえで国民投票をおこなうのが政治の筋道です。だが、安倍晋三首相はこの正道とは違う邪道を進んでいます。

実際に安倍首相は、憲法第96条を無視して、閣議決定による解釈改憲に向かって突進してきました。公明党をも解釈改憲という道徳的堕落の道に引きずり込みました。

安倍首相は党首討論で海江田万里民主党代表から「なぜ解釈改憲か」を2回も問われながら答えませんでした。安倍首相の最大の弱点はここにあるのですが、野党はこの点の追及に消極的です。野党はこの安倍首相の弱点を攻めようとしていません。どうしたことでしょうか。

「不正直な（dishonest）安倍」を支持するオバマ米大統領の堕落

安倍首相は、２０１４年4月下旬に来日したバラク・オバマ米大統領との首脳会談以後、集団的自衛権の行使容認への解釈改憲に向かっての動きを加速化させています。オバマ大統領が不正直な安倍首相を励まし、背中を押した感じがありました。

この頃、私は、オバマ大統領が安倍首相の解釈改憲を支持し、尖閣紛争は日米安保条約第５条にもとづいて軍事行動をおこなうと言明して、安倍首相を勇気づけたことに関して、オバマ大統領の不道徳を批判しました。

米国は自由と民主主義を最大限尊重している国だと、自国を自慢している国です。それなのにオバマ大統領は、国民投票をおこなわずに、憲法違反の疑いのある内閣による憲法解釈変更をめざして暴走している安倍首相をなぜ支持するのか、とオバマ批判をおこないました。

もちろん、私ごとき者の批判がオバマ大統領に届くことはありませんが、私は日本国民に不道徳な安倍政治を支持するオバマ大統領の欺瞞性を知らせたかったのです。私は、不正をおこなう安倍首相を支持するという異常なことをやりはじめたオバマ大統領への批判が米国内で起こるのは当然だと思っていました。最近になってオバマ批判、安倍批判がようやく米国内から出てきたのは、遅すぎたとはいえ、当然のことです。

日本は米国の下請け国に

米外交専門誌『フォーリンポリシー』は「不正直な安倍、憲法クーデター試みる」としては、次のような趣旨のことを主張しています。

①安倍首相は、米国政府がイラク問題に目を奪われ、日本に目が向かない状況下で、米国の目につかないように、静かに憲法クーデターを試みています。

②もしも、安倍首相の憲法クーデターが成功すれば、これは日本の自由と民主主義の遺産を破壊するでしょう。

③オバマ大統領は、安倍首相のこのような違法な行為を許しました。このオバマ大統領の消極的な姿勢が続けば、アジア重視という米国政府の政策の道徳的基盤が

弱体化します。

④オバマ政権としては、中国に対抗するため日本の力を利用しようとしていますが、日本の力を短期的に利用するよりも、日本がアジアで信頼される民主主義国家となるようにする方が重要だと考えるべきです。

⑤米国は日本が非民主主義的な道に進むことを支持してはなりません。

『フォーリンポリシー』は当然のことを主張しています。

オバマ大統領は、経済的にも軍事的にも、日本を、米国の下請け国にしようとしています。このために安倍首相を利用して、日本のすべてを手に入れようとしているのです。このオバマ大統領の日本完全支配プランに安倍首相の暴走をフルに利用しようとしているのです。

憲法解釈という詐術に堕ちた安倍首相と同志たち

このために安倍首相の靖国参拝を大目に見たうえ、尖閣紛争への米国の武力行使を認め、そのうえで安倍首相の最大の弱点である憲法違反の解釈改憲を支持したのです。日米関係は安倍・オバマに至って醜悪になり、反道徳的になりました。「日米同盟」はいまや「日米堕落同盟」になりました。

じつは、私は、ある時期まで公明党は解釈改憲という安倍首相の詐術は受け入れずに拒否すると期待していました。この２年半ほどの間、公明党議員と創価学会幹部と接触する機会があり、彼らが誠実で謙虚な人々であることを知りました。ですから、私は公明党に期待していたのですが、公明党も解釈改憲論という詐術に堕ちました。

日本の政治の道義的頽廃は目を覆いたくなるほどです。日本国憲法の平和主義を変更するには憲法９条改正が必要です。憲法第９条の条文をそのままにして憲法解釈の変更で集団的自衛権の行使を容認するのは国民を騙し、世界を騙すことです。日米同盟は日米堕落同盟になりました。平和のための真の闘いはこれからです。

２０１４年末までの日米防衛協力の指針改定で日本は従米軍国主義国になる

「あらゆる堕落のなかでもっとも軽蔑すべきものは――他人の首にぶらさがることである」（ドストエフスキー）

2014年7月号掲載

「防衛協力指針」の見直しで日米同盟は新段階へ

安倍晋三首相の２０１４年の政治スケジュールが明らかになってきました。最終目標は２０１４年12月末までにおこなうことを日米両国政府が約束している日米防衛協力の指針（ガイドライン）見直しです。ここで、日米同盟は軍事中心の新段階に入ります。日本がいままで禁止していた集団的自衛権の行使を前提とした日米軍事協力体制が形成されることになります。

いままでのガイドラインにおいては「日本の自衛隊は憲法第９条によって軍事行動を制約され、集団的自衛権（他国が攻撃されたときその他国を守る戦争をすること）は行使できず、個別的自衛権に限られる」ということを基本原理にしていました。しかし、ガイドライン改定後は、日本の自衛隊の軍事行動は、この制約をなくし、米軍とともに世界中で自由に軍事行動をとることができるようになります。日本の自衛隊は米軍とともに世界中で行動できるようになります。第２次大戦後、平和国家として生きてきた日本は、米国のジュニアパートナーとして「戦争する国」になります。

自衛隊法改正を求める米国政府

この12月末までのガイドライン見直しの前に、日本政府としてなすべきことがあります。1つは、憲法第9条と自衛隊の行動に関する従来の憲法解釈を変更し、集団的自衛権を行使できると、憲法解釈を閣議決定によって変更することです。米国政府筋はこの閣議決定を今国会中（2014年6月22日まで）におこなうよう求めています。安倍首相は、閣議決定をおこなうために公明党に対して必死の説得工作を試みていますが、説得は難航しています。私は、公明党が合意することは難しいと予想していますが、安倍首相にとっては最大の難関です。公明党と合意できないときにどうするか、安倍首相が新たな決断をする時がきます。

2つは、安倍政権は、集団的自衛権行使ができるよう憲法解釈を変更したうえで、自衛隊法を改正するよう米国政府から求められていますが、これを2014年秋の臨時国会でおこなうことです。これで自衛隊はいつでもどこでも戦争ができる軍隊に生まれ変わります。

安倍首相は、この2つをおこなったうえで2014年12月までに日米防衛協力のガイドライン改定をおこない、新段階での日米軍事協力を完成させようとしているのです。

公明党の説得は至難

安倍政権にとっての当面の最大の難関は公明党の説得ですが、これは至難です。公明党の立場は①従来の政府の憲法解釈は変える必要がない②安倍首相と自民党が集団的自衛権をどうしても行使したいのであれば、憲法改正の手続きをとるべきだ③国民的議論を起こし国民合意のもとにおこなうべし――というものです。

公明党の支持団体である創価学会も、各紙の質問に答えて、同趣旨のことを回答しています。創価学会として、公明党の基本方針への支持を穏やかに表明したものです。

公明党の友人の話ですが、公明党員と支持者の中には、いろいろな考えがあるようです。国民社会にある考え方が、公明党員、創価学会員の中にもあるのは当然のことです。しかし、大勢は、山口那津男公明党代表らが表明していた①従来の基本方針は変える必要がない②首相がどうしても変えたいのであれば憲法改正をおこなうのが筋ではないか③国の基本方針の見直しは国民的合意のもとで進めるべし――

で固まっていると思います。安倍首相は連立組み替えを考えざるをえなくなってきています。安倍首相は決断を迫られているのです。

しかし、公明党との連立解消は容易なことではありません。自民党内に公明党との連立解消への強い反対があります。安倍首相が強引にやれば、自民党内が混乱するでしょう。

安倍首相にとってバラク・オバマ米大統領への服従は絶対的なものです。日本維新の会、みんなの党との新連立に踏み切る可能性はあるとみるべきでしょう。公明党との連立解消後、公明党が野党として生きることになりますと、政界再編が起こります。次の選挙での自民党の政権維持は困難になるかもしれません。これは自民党にとって大きな問題です。

安倍政権の成立は日本国民にとって「悔いを千載に残す」過った決定

閣議決定による集団的自衛権行使容認の決定、自衛隊法の抜本改正による戦争する自衛隊への大変身、日米新防衛協力体制の構築による日米両軍の一体化によって、日米同盟は強固な軍事同盟になります。このことは日本が半永久的に米国の軛の中におかれることを意味します。日米同盟は平等な同盟ではなく、日本従米軍事同盟になります。日本の自衛隊は米軍を守るための部隊として使われます。

多くの国民は「日米同盟」が強固になることを歓迎していますが、本当にそれでよいのでしょうか。半永久的に日本が米国に従属する日米同盟が固まることは、日本の国内に半永久的に米軍基地がおかれつづけることを意味しています。さらに、日本の政治・経済が米国の支配下におかれることになります。日本は、安倍政権によって、半永久的に米国の従属国、半植民地国にされてしまうことになるのです。子孫に米国に従属する日本を残すことになります。これでよいのでしょうか？日本の平和と独立国となることを考えるべきです。

安倍首相は米国オバマ政権の掌の上で踊っているだけだということを日本国民も自民党員も気づくべきです。安倍首相にこの日本をゆだねたことは「悔いを千載に残す」過った決定だったことに早く気づくべきです。独立回復は、いまが最後のチャンスです。

安倍首相、高村自民党副総裁らが集団的自衛権行使容認の合理性の論拠としている「1959年12月16日の最高裁判決」の脆弱な根拠

2014年4月号掲載

「悪事身に返る」（『法句経』）

1957年の砂川米軍基地拡張反対運動と伊達判決

1953年から1957年までの3年間に東京都下砂川町で展開された米軍基地拡張反対運動のことを記憶しておられる方は、かなり高齢になられていると思います。この運動の最大のヤマ場の1956年10月の「流血の砂川」闘争の時に20歳だ

った方は、いまは78歳です。

砂川米軍基地拡張反対運動は、砂川町の農民を中心とするほとんど全町民と応援の総評（労働組合）、社会党、共産党、宗教団体、全学連などで構成されていました。私は全学連の闘争委員長として１９５６年と１９５７年の運動を指揮しました。私たちの立脚点は、砂川町町民の生存権と農地を守る闘いは正義の闘いであるとともに、憲法違反の日米安保条約にもとづく米軍基地拡張は平和憲法に反するというものでした。この理念をもって悔いなき闘いをしました。

砂川裁判は、１９５７年夏の闘争でデモ隊が米軍基地に入ったことにかかわるものでした。この闘争のあと、23名が逮捕され、労働者と学生７名が起訴されました。私はこの闘争の指揮者でした。どういうわけか、私は逮捕も起訴もされませんでした。あとで関係者に聴いたところでは、宣伝カー上で演説している私の写真は後ろ姿で役に立たなかったとのことでした。学生では友人の土屋源太郎君らが起訴されました。

この裁判の第１審判決は１９５９年３月30日に出されました。東京地方裁判所の裁判長は伊達秋雄氏でした。伊達裁判長の判決は衝撃的なものでした。全員無罪でしたが、無罪の理由が画期的なものでした。日米安保条約（1951年締結）そのものを憲法違反とし、具体的には、日米安保条約は憲法前文、憲法第9条に違反するとの判決でした。

この判決は、日米安保条約の改定作業を進めていた岸信介内閣と米政府、米大使館に大衝撃を与えました。この判決を受けて、岸首相、藤山愛一郎外務相、田中耕太郎最高裁判所長官、ダグラス・マッカーサー駐日米国大使が動いたとの噂は耳にしましたが、具体的な事実は掴めませんでした。岸内閣側がとったのは、高裁を飛び越しての最高裁への跳躍上告でした。いきなり最高裁に上げたのです。最高裁は1959年12月16日、伊達判決を破棄しました。これは日米安保改定の60年1月調印のスケジュールに間に合わせるためでした。

伊達判決と最高裁（田中耕太郎裁判長）判決

伊達裁判長が「日米安保条約は憲法違反」との結論を出して被告全員を無罪とした理由は「米軍が日本に駐留するのは、米政府の一方的決定にもとづくものではなく、わが国の要請と基地の提供、費用の分担その他の協力があってはじめて可能であり、これは憲法第９条の第２項前段によって禁止されている陸空海軍その他の戦力の保持に該当するものと言わざるを得ず、憲法上その存在を許さざるものである」というものでした。

これに対して最高裁（田中耕太郎裁判長）は、１９５９年12月16日に「一審判決（伊達判決）を破棄・原審差戻し」の判決を出しました。その理由は「憲法９条２項が保持を禁止した戦力とは、わが国がその主体となってこれに指揮権、管理権を行使しえる戦力をいうのであって、結局わが国の戦力を指し、外国の軍隊は、たとえそれがわが国に駐留するとしても、ここにいう戦力には該当しない」というものでした。屁理屈でした。

田中裁判長は「日米安保条約は違憲でない」として伊達判決を破棄したのです。田中裁判長は判決「理由」で、「わが国が、自国の平和と安全を維持しその存立を全うするために必要な自衛のための措置をとりうることは、国家固有の権能の行使として当然のことといわなければならない」と述べました。安倍晋三首相、高村正彦自民党副総裁は、この言葉を根拠として、集団的自衛権の行使容認を合理化しようとしています。

しかし、この最高裁判決の裏側では不正・不法な行為がおこなわれていたことを証明する文書が、最近、米国公文書館で発見されました。発見者は国際問題研究科の新原昭治氏です。田中最高裁長官は法律に違反し、砂川裁判の当事者のマッカーサー駐日米国大使と密かに会っていたのです。これは明らかな違法行為です。

裁判官が、裁判に関して違法行為をしたら、その裁判は無効です。当時、田中最高裁長官がマッカーサー大使と秘密裡に会い、判決について協議していることが明らかになっていませんでした。明らかになっていれば、田中最高裁長官は弾劾されていたでしょう。当然のことですが、伊達判決を破棄することはできませんでした。

戦後史の暗部が暴かれる

1959年12月16日の最高裁判決によって2000円の罰金刑を言い渡された被告たちはいま、米公文書が明らかにした1959年当時の田中最高裁長官、藤山外相、マッカーサー大使の違法行為にもとづく不法な有罪判決を取り消すための再審請求を起こす準備を進めています。吉永満夫氏ら高い能力をもった経験豊かな弁護士が協力してくれることになりました。間もなく再審請求訴訟が起こされ、再審裁判がはじまる可能性があります。裁判がはじまれば、当時の最高権力者たちの不正が暴かれます。国民に広く知らされます。努力すれば、１９５９年12月16日の最高裁判決の取り消しという事態を起こすことは不可能ではありません。その結果、伊達判決が有効になれば、大逆転が起こります。憲法第９条を蹂躙しつづけてきた岸内閣以後の政治が暴かれます。安倍首相の主張の合理性は雲散霧消するでしょう。

第１次日米安保条約は、その成立過程に数々の不正がありました。このことも明らかにされるでしょう。１９４５年８月15日以後の日本にとって、もっとも重要な文書であるポツダム宣言を米国は完全に履行していません。このことも明らかにされるでしょう。戦後史の暗部が暴かれることになります。再審での逆転を信じて努力している人々を応援したいと私は思っています。

「東シナ海が世界でもっとも戦争の危険性が高い地域になっている」との米国の主要紙の見方を知っていますか？　日本が急激に戦時体制に向かいはじめているのを知っていますか？

2014年1月号掲載

「**危うきこと累卵の如し**」（『**史記**』）

東京に本社のある大マスコミの国際情報は劣化している

最近、米国の主要紙がインターネットで日本語版を配信していることを知りました。米国の主要紙がこぞって「日本と中国との間、すなわち東シナ海が、世界の中で、もっとも戦争が起こる危険性の高い地域になった」と報道しているのです。最近までは、世界でもっとも危険な地域は中東と朝鮮半島だとみられていましたが、いまや世界は、日本と中国の関係がもっとも危険な地域だとみるようになっているのです。知らぬは日本人ばかりなり、です。

ちなみに、かなり前から中国の主要紙は日本語版をインターネットで配信しており、記事、論説を日本語で読むことができます。韓国の主要紙も同じく日本語版で記事、論説を読むことができます。こうした動きは、東京に本社のある日本の大新聞の国際情報が劣化していることと無関係ではないと私は思っています。最近の東京の大マスコミの力量は低下していますとくに国際情報が劣化しているのです。日本のジャーナリズムの危機です。

東シナ海は一触即発の状況

２０１３年11月29日、中国軍は、東シナ海に設けた防空識別圏（ＡＤＩＺ）に米軍機や自衛隊機が侵入したため中国軍機が緊急発進（スクランブル）した、と発表しました。11月29日のスクランブルについて日本側は否定していますが、歯切れの悪い否定です。

中国が防空識別圏を設定したのは11月23日でした。この日から緊張が一気に高まりました。そして、中国軍機のスクランブルになりました。これはきわめて危険な状況です。米軍と安倍晋三首相は強硬です。日本の自衛隊は米軍とともに行動しています。米国も中国も、軍部が独走しはじめた感があります。

中国軍側の発表によりますと、米軍偵察機2機と日本の自衛隊機10機の防空識別圏への侵入を確認した、とのことです。中国空軍は、防空識別圏では「高度な警戒態勢を維持しており、脅威の程度に応じて相応の措置をとり、防空上の安全を断固防衛する」と繰り返し主張しています。中国軍と日米共同軍の対立は高まるばかりです。

東シナ海においては、空でも海でも、中国軍と米軍・日本の自衛隊の共同軍がにらみ合いを続けています。どちらかから一発の銃弾が発射されれば、戦争が起こるような一触即発の状況になっているのです。私はきわめて危険な状況にあると判断しています。

前述したとおり、中国が東シナ海上空に防空識別圏を設定したのは11月23日でした。日米両国政府は直ちに中国に抗議しました。11月25日には安倍首相が中国に対し防空識別圏の撤回を求めました。同26日には米戦略爆撃機が中国の防空識別圏を飛行しました。そして同29日の中国軍機のスクランブルになりました。緊張は続いています。平和の危機です。

こんななか、安倍内閣は特定秘密保護法の制定に向かって暴走しました。この次にくるのは、安倍内閣による集団的自衛権の容認・行使の閣議決定と自衛隊法の改正です。安倍内閣は憲法第96条の憲法改正手続きによって改正することなく、単に内閣の憲法解釈を変更することで集団的自衛権を合憲化しようとしています。安倍内閣の解釈改憲への動きに追い風の役割を果たしているのが、日米共同軍と中国軍との一触即発の危機です。

集団的自衛権行使容認は「戦争ができる国家」に変質すること

２０１３年11月30日の新聞に、重要な記事がありました。それは『読売新聞』のマイケル・グリーン氏へのインタビューでした。

グリーン氏はこの20年間の日米関係における最重要人物で、日本の政治に大きな影響力を発揮した米国政府要人でした。いまでも日本に強い影響力をもっている人物です。彼はこう語っています。

「（日本は）集団的自衛権の行使を容認し、日米の防衛協力への指針（ガイドライン）の見直しを成功させることが必要だ。安倍政権は集団的自衛権の行使容認の決定を先のばしせず、作業を加速しなければならない」

いわゆるジャパンハンドラーの中心人物と言われているグリーン氏は、東シナ海危機のなかで、日本の集団的自衛権行使容認を早く決定することを求めたのです。日本が集団的自衛権行使容認に踏み切ることは、日本が「戦後の平和主義」を捨てて「戦争ができる国家」に変質することを意味しています。日本は従米軍事国家になるのです。

中国司令部との話し合いこそ日本のとるべき唯一の道

11月29日の新聞にも重要記事が掲載されています。『朝日新聞』に載った中国の程永華駐日大使の発言です。程大使はこう述べています。

「（防空識別圏設定を撤回する考えは）ありません。（不測事態を防ぐ手立てについて）不測の事態にならないように話し合い、たとえば互いの司令部の連絡体制や、コールサインのようなパイロット間のコミュニケーションなどが考えられる。意思疎通を図る制度や体制をつくり、相互信頼を深めることが基本だ」

日本はどちらの方向をとるべきでしょうか？　グリーン氏の言に従って、集団的自衛権行使容認を決定し、従米軍事国家への道を進むのか、それとも、中国との話し合いの道に進むのか？

安倍首相はグリーン氏の考え方に従おうとしているようですが、これは戦争への道です。私は、程大使の提言を受け入れて、日本と中国の司令部間の「話し合い」の方向へ進むことが、日本のとるべき唯一の道だと思います。

安倍内閣の憲法第9条を改正しないままでの集団的自衛権行使容認の動きは極端な冒険主義であり危険な賭けである

2013年10月号掲載

「人生には賭けをしてはならない時が2度ある。それをする余裕のない時と余裕のある時である」（マーク・トゥエーン）

解釈改憲の理不尽

最近、「戦争を恐れない」だけでなく「戦争をしてもかまわない」と考える若い政治家やジャーナリストが増えたことは由々しきことだと思います。

参院選投票日の夜、私は大阪にある関西テレビ放送の選挙特番に出演していました。私を含む関西テレビ放送に出演している３人のコメンテーターが解説にあたりましたが、私以外は安倍政権の支持者のようでした。テレビ局は、平和主義を主張し続けている私を少数派として扱っているようでした。私は自らの持論の「集団的自衛権行使はしてはいけない」との考えを述べたところ、関西テレビ放送の看板コメンテーターのA氏は「集団的自衛権行使を容認しなければ日米同盟の維持は難しい」と強く、私に反論しました。

テレビ界だけでなくマスコミ全体が集団的自衛権行使容認の方向へ動き出したように私は感じています。おそらく、ごく近い将来、集団的自衛権行使容認反対派は東京、大阪のテレビ、マスコミから排除されてしまうと思います。すでに憲法第９条擁護派はほとんどマスコミから消えました。

政府が集団的自衛権を容認するには憲法第９条の改正が必要ですが、最近の政治家とマスコミは、いまの憲法第９条の条文のままでも、政府が解釈を変えれば集団的自衛権の行使は可能だと主張しています。日本政府は１つの憲法の条文について正反対の解釈変更をおこなおうとしているのです。驚くべきことです。いままで政府は、憲法第9条がある以上、集団的自衛権は行使できないとの態度をとってきました。ところが、安倍内閣は、これを掌を返すように正反対の解釈をして、集団的自衛権行使を可能にしよう、というのです。おそるべき誠実さの放棄であり、遵法感覚の欠如です。

ピンダロスの警告

古代ギリシャの抒情詩人ピンダロスの「舞踏歌」の中に「戦争はその経験なき人々には甘美である。だが経験した者は、戦争が近づくと心底大いに恐れるのだ」という言葉があるそうです（主婦と生活社『成語大辞苑』参照）。

女性のほとんどはいつの時代でも戦争は嫌いですから、ピンダロスは男性のことを頭においていたのかもしれません。戦争を経験していない男性の中にも平和主義者は多数います。ところが、最近、保守系の若い政治家や大新聞、大マスコミの記者の中に戦争に甘美さを感ずる者が増えているように感じます。日本の最近の若い政治家やジャーナリストにはピンダロスの警告は当てはまります。

ある戦争好きのジャーナリストは「戦争論のカール・フォン・クラウゼヴィッツも言っていますよ。『戦争は他の手段をもってする、政治の延長である』と。戦争は政治の延長なんだ。戦争も政治上の紛争を解決する１つの手段なんだ」と言いました。このジャーナリストはクラウゼヴィッツの権威を利用して、戦争を合理化しようとしているのです。しかし、このジャーナリストは間違っています。

よく考えてみてください。政治のもっとも大切な目的は平和を守ることです。戦争になるのは政治が失敗した結果です。政治の崩壊が戦争を生み出すのです。戦争は政治の延長ではないのです。クラウゼヴィッツは間違っているのです。戦争は物事を解決する手段ではないのです。破壊の手段なのです。戦争の賛美は罪悪です。

正当防衛のための「報復」が戦争を合理化する

戦争において先制攻撃を仕掛けた側が敗北する例は、歴史上多々あります。強大な軍事力で弱小国を踏み潰す例は多々ありますが、力関係にあまり差がない場合は、先制攻撃した側が負けるケースは多々あります。先制攻撃には大義がないのです。

しかし、先制攻撃を受けた側には正当防衛のための報復という大義が生まれます。先制攻撃を受けた側は「報復」の権利が生まれるのです。「報復」が大義になります。

大日本帝国が真珠湾攻撃という形の先制攻撃を米国に対して仕掛けたために、日本は米国の総反撃にあい、無条件降伏に追い込まれました。もしも1945年（昭和20年）8月に無条件降伏していなかったら、米軍は日本国民をみな殺しにしたでしょう。大日本帝国の米国への先制攻撃が「正当防衛」「報復」という大義名分を米国政府に与え、米国は対日戦争に総力を結集できたのです。

先制攻撃が成功したことはあります。米国ジョージ・W・ブッシュ政権のイラク攻撃です。このような無茶苦茶が通ったのは、米国とイラクとの力の差があまりにも大きかったからです。しかし、米国は大きなものを失いました。米国は道義なき戦争屋の国家と見なされるようになってしまいました。米国はただ軍事力が強いだけの信頼なき暴力国家になりました。

平和のために戦争体験世代が行動を

日本が集団的自衛権を行使して、米軍を攻撃した〝敵〟に反撃した場合、その〝敵〟国政府は、日本が先制攻撃してきたとみるでしょう。その〝敵〟国政府は日本に対して報復権を行使するでしょう。この場合〝敵〟国の攻撃の標的になるのは、日本の自衛隊だけではありません。日本の国土全体、日本国民全体が標的にされるでしょう。〝敵〟国政府は、日本に対して報復のために核ミサイルを撃ち込んでくる可能性すらあるのです。

集団的自衛権行使に踏み切ることは、日本国民が〝敵〟国政府からの報復的攻撃にさらされることを意味します。こんなことを国民的議論も経ずに、政府と自民党だけで決めてしまおうとしているのです。おそろしいことです。絶対に許してはならないことです。安倍政権は、それでも集団的自衛権行使の容認に踏み切るつもりのようです。これほど危険なことはありません。戦争体験世代が平和のために行動を起こすことが必要です。

日中の扉を開いた公明党の平和の使者としての役割を高く評価する

2013年3月号掲載

「和を以て貴しと為す」（聖徳太子）

公明党は「平和の党」

２０１３年1月25日、山口那津男公明党代表と習近平中国共産党総書記とが会談し、「日中間の問題を外交上の対話で解決する」と合意しました。これによって日中間の扉が開き、軍事衝突の危険性が除去される第一歩が開かれたことは、公明党の平和外交の成功といってよいと思います。大多数の日本国民は「ホッとした」のではないかと思います。

一昔前でしたら、このような役割を担っていたのは社会党でした。しかし、いま社会党はありません。元社会党員のいる民主党には、前原誠司元外務相、野田佳彦前首相、玄葉光一郎前外相などのタカ派がいます。反中国極右主義者の石原慎太郎氏の支持者もいます。元社会党員たちは小さくなってしまっています。民主党の平和主義は曖昧なものになってしまっているのです。

民主党員で平和憲法を守ると大声で叫ぶ者は非常に少なくなってしまいました。護憲政党の共産党、社民党は小さくなりすぎて影響力不足です。しかも平和憲法が風前の灯になっても社共共闘はできていません。危機感が乏しいのです。国会レベルでは改憲派は８割を占めています。

政治全体に影響力を発揮できる勢力をもつ政党で、平和主義を貫いているのは公明党だけです。国民のなかには、公明党が極右政治家の安倍晋三自民党総裁と連立政権を組んでいることから、公明党は平和主義の党ではないのではないか、と思っている人もいますが、公明党は筋金入りの平和主義の政党です。この点で公明党がブレることはない、と私は思っています。公明党は政権内野党として安倍首相の極右への暴走を止める役割を担っているのです。そして、今回の訪中で、健全なブレーキ役を見事に果たしました。

世界中から支持された公明党の訪中

先の通り1月25日、公明党の山口代表、石井啓一政調会長、西田実仁広報局長らの公明党訪中団は北京で習総書記と会談し、外交上の対話によって日中関係の改善をはかり、対話を重ねて、日中首脳会談を目指すことで合意しました。この合意を安倍首相も受け入れました。このことは大変に意味あることです。

山口・習会談は世界の大ニュースになりました。世界中が２０１２年９月以後の日中対立を心配していました。いつ軍事衝突が起こるかわからない状況になっていました。

日中両国が戦争をはじめれば、世界経済は暗転します。新日中戦争が世界大恐慌の引き金を引くことが心配されていました。しかも、日中両国民の領土ナショナリズムは高揚する一方でした。一触即発でした。この状況が山口・習会談で緊張緩和に動き出したのです。世界中が「ホッとした」のでした。

今回の山口代表ら公明党訪中団は大きな成果をあげました。日本の反中国領土ナショナリズムへの暴走に待ったをかけたのです。このことは素直に称賛すべきことです。私は国民の一人として公明党に、ありがとう！と言わなければならないと思います。

日本の国是は「和を以て貴しと為す」（十七条憲法第一条）です。これは、戦争しない、争わない、調和する、協力するという生き方を示すものです。いまの国是は、日本国憲法第９条です。日本は平和主義の国なのです。

日本の政治は平和の方向に舵を切るべし

以前にも本欄で記したことがありますが、私は日本の政治の基本は、日本の歴史のなかにあると思っています。現在の政治が立脚すべき理念が、先人の教えのなかにあるのです。欧米のモノマネなどする必要ないのです。私は15年ほど前にこれを次の5つの格言にまとめました。

①和を以て貴しと為す
②一隅を照らす者は国の宝である（最澄）
③広く会議を興し万機公論に決すべし（五箇条の誓文）
④天は人の上に人を造らず人の下に人を造らず（福沢諭吉）
⑤国家の実力は地方に存する（徳冨蘆花）

日本の政治は、この5原則を逸脱したとき、国民を不幸にしました。この5原則を守っていれば、日本は平和に生きることができるのです。最近の政治が、この5原則から逸脱しはじめていることを私は心配してきました。

とくに日本と中国との関係について日本の政治は乱れました。攪乱者がいたのです。石原前都知事、前原元外相、野田前首相、玄葉前外相らの右翼ナショナリストが暴走した結果でした。尖閣問題では「沈黙が金」でした。前原、石原、野田、玄葉らの右翼ナショナリストが、余計なことをしたのです。野田内閣が2012年9

月11日の尖閣国有化の閣議決定が大間違いだったのです。尖閣をめぐる日中両国の対立は武力衝突寸前まで進行しました。全世界が憂慮するほど危険な状況になっていました。

軍事衝突の瀬戸際で公明党が動きました。長年の中国との信頼関係がモノを言いました。公明党と支持組織の創価学会は中国政府と中国のリーダー層と強い信頼関係を築いていたのです。山口・習会談において習総書記から池田大作創価学会名誉会長の名が出ました。池田名誉会長は中国指導層との固い信頼関係を築いてきたのです。安倍首相は、山口公明党訪中団の成果を認めました。このうえは、安倍首相が日中関係改善のために努力することが必要です。日本は世界中が心配するような危険なことは、してはいけないのです。

最近まで日本の政治に戦争へのベクトルが働いていました。1月下旬の公明党訪中団長の山口代表と習総書記との会談によって、日本の政治のベクトルが平和の方向に転換しました。このチャンスを生かさなければならないと思います。いまこそ「反平和・極右」から「平和・中道」への政治ベクトルの転換をおこなうべきです。

第4章 弱小野党に喝!

野心過剰の権謀術数のみに長けた小池百合子氏に揺さぶられる永田町

2017年11月号掲載

「巧言令色鮮し仁」（孔子）

小池氏は日本の撹乱要因

小池百合子氏を表現するのに「巧言令色鮮し仁」ほど合った言葉はないと思います。

2017年10月3日、希望の党の第1次公認候補が発表され、10月22日の衆院選の構図がほぼはっきりしました。「自公連立」対「希望の党・維新」対「立憲民主党・共産党・社民党」の三極で闘われることになりました。主役は「自公」と「希望」ですが、主役の中の主役になるべき小池氏は東京都知事にとどまり、永田町の外から希望の党を通じて政界を揺さぶろうとするようです。小池氏が衆院選に立候補すれば小池政権が誕生する可能性はありますが、小池氏という日本の撹乱要因を一気に除去できるチャンスもありました。しかし、小池氏は外から政界を揺さぶり続ける方向に動くようです。

最近、私は某雑誌のインタビューを受けた時に「小池百合子は平成のミニ日野富子だ」と答えました。室町中期の大物政治家だった日野富子は、小池氏に比べればはるかに大物です。業績らしい業績もなく、ただただ乱を好む小池氏とは違いますが、乱を起こし、乱を拡大し、乱世をつくり出す、という点で共通していると思います。

中国古代の大思想家・荀子は「争気ある者とは、与に弁ずる勿れ」と言いました。やたら人と争い競う性質の者とは、物事の是非を語り合うことはしないほうがよい、という意味です。小池百合子という政治家は、本質的に「争気ある者」です。争いを好む政治家です。つねに敵をつくり、その敵を倒すことに生き甲斐を感ずるタイプの政治家です。困ったものです。

「小池劇場」の真の演出者はテレビ局

日本の政治家の多くは「和を以て貴しとなす」を基本にして政治生活を送っていますが、小池氏のような「争気ある者」もいます。最近の政治家では小沢一郎氏、小泉純一郎氏、前原誠司氏らが「争気ある者」です。小池氏は小沢氏、小泉氏など争気ある政治家を師として成長し、小沢・小泉両氏以上の権謀術数を身につけ、2016年の東京都知事選から政治の表舞台に登場してきました。

小池氏は女性であることを武器にしています。小池氏ほどの権謀術数に長けた冷酷な心を持つ男の政治家であれば、周辺は警戒します。しかし、小池氏に対して周囲は強い警戒心を抱きません。とくにマスコミが小池氏に甘いのです。

小池氏はチームをつくりません。つねに一人です。そして、女王です。独裁者です。個人プレーです。しかし、チームがなければ大きな事業はできません。

小池氏の決定的な武器は東京の民放テレビです。民放テレビのプロデューサーやディレクターは小池氏に甘く依怙贔屓しています。小池氏の思想は本質的にはニヒリズムだと私は思っています。急進改革の好きな政治家の多くはニヒリストです。「創造のための破壊」を口にしながら、創造せず破壊ばかりしています。テレビマンが急進改革派を応援するのは、彼らの思想の根底に同じ思想（ニヒリズム）が流れているからです。テレビ局は現代のニヒリズムの戦闘本部です。ニヒリズムの政治家が出てきて乱を起こし破壊をはじめると、民放テレビはこぞって応援します。「小池劇場」の真の演出者はテレビ局なのです。

気がつけば政界はオール改憲派

民進党は、希望の党・立憲民主党・無所属の三派に分裂したとマスコミは報じていますが、圧倒的多数は希望の党へ移りました。この移動は単なる政党が代わっただけではありません。大事なことは、ほとんどが小池氏の出した「踏み絵」を踏まされて政治的に転向したことです。

民主党・民進党は改憲派ではなかったはずですが、希望の党に移ったとき「改憲派」に変わってしまいました。希望の党は10月22日の選挙の結果、第1党か第2党になるでしょう。そうすると、自民党と希望の党（どちらかが第1党か第2党）がともに改憲政党になってしまうことになります。

国民の中に改憲派と護憲派がいます。力関係は五分五分かまたは護憲派のほうが強いのが現実です。政界は圧倒的多数が改憲派です。国民と政界がずれてしまっているのです。小池氏の踏み絵を踏んで改憲派に転向した政治家は、良心を捨てた罪を背負って生きることになります。

有権者は平和を愛する政治家を選んでほしい

小池氏が東京都知事ポストにとどまり衆院選に出馬しないことは、来るべき10月22日の衆院選での小池「希望」政権の樹立を目指さないことを意味します。この衆院選は政権選択の選挙ではなく、安倍晋三内閣への信任選挙という性格になります。信任投票でも自民党が過半数を下回る事態は起こります。その場合は政権交代の可能性は出てきますが、小池氏は外側から政権を操ることになります。小池氏は室町時代中期の日野富子に似た闇将軍的女性政治家になります。小池氏は、本質的にはトラブルメーカーです。次々とトラブルを引き起こし、敵をつくり、マスコミを利用して敵を倒す行動を繰り返すでしょう。

ひとたび争いの季節に入ると、争いは伝播します。日野富子は応仁の乱から下克上の時代へ、長期紛争の時代への扉を開けました。21世紀の初頭の日本においては、小池氏が紛争の時代への扉を開く危険性があります。

このような時こそ、国民の力で政界の混乱を止め、争気ある政治家たちの跳梁跋扈を止める必要があるのです。国民の出番です。

小池氏が衆院選に出馬し、希望の党政権を樹立すべく全力で行動すれば政権選択選挙になります。しかし、小池氏が衆院選に出馬しない場合は、衆院選は安倍政権の審判です。

最近、政治家の不道徳な行為が目立ちます。これは政界の道徳力が弱まっていることを意味します。私は、有権者一人ひとりが自らの価値観にもとづいて信頼できる人物、そして、平和を愛する政治家を選んでほしいと願うのみです。

強い安倍政権はますます強く、弱い野党第一党の民進党はさらに弱く、政権交代は夢のまた夢――新しい中選挙区制の導入を検討すべし

「日暮れて道遠し」（『史記』）

2016年12月号掲載

政権交代なき小選挙区制は独裁政治を招く

２０１６年秋の日本の政治状況は、民主政治の衣をまとった安倍晋三独裁政治の「わが世の春」といって過言ではないと思います。いま、小選挙区制のもとで政権交代なき安倍一強体制が確立しています。野党の不甲斐なさだけが目立ちます。

小選挙区制の目的は政権交代の実現にありました。小選挙区制導入以前の衆議院の選挙制度は中選挙区制でした。１９５５年以後の日本の政治体制は「55年体制」と言われました。55年体制下では万年与党の自民党と万年野党の社会党の、政権交代なき変形した二大政党制が存在していました。

ところが１９９０年代に入ると、選挙制度改革を中心とする政治改革の世論が高まり、１９９４年に小選挙区制の導入が実現しました。この15年後の２００９年の衆議院選挙において政権交代が実現し、麻生太郎自民党政権が倒れ、鳩山由紀夫民主党政権が生まれました。小選挙区導入の目的はようやく達成されたのです。

中選挙区制は小選挙区制より民主的な制度

２０１２年の衆議院選挙で、また政権交代が実現しました。野田佳彦民主党政権が崩壊し、安倍（第２次）政権が成立しました。安倍政権は２０１４年衆議院選挙でも勝利しました。２０１３年と２０１６年の２度の参議院選挙でも勝ちました。

他方の民主党は２０１２年の衆議院選挙で壊滅的な大敗北を喫しました。さらに

2014年衆議院選挙でも敗北。民主党は維新の党と合併し民進党と党名を変えましたが、党勢は回復せず、自公連立政権に歯が立たない状況になってしまっています。民進党には自公連立政権に対抗して、近い将来に政権交代を達成する力量はありません。いまのままの民進党である限り、当分の間政権交代は起きず、自公連立政権が続くでしょう。与野党間の政権交代は、日暮れて道遠しです。

小選挙区制導入の時、心配されていた議論がありました。それは「小選挙区制のもとでの政権交代なき一党支配のおそれ」でした。そして、いまこの心配が現実になったのです。小選挙区制のもとでの政権交代なき一党支配の形成は、民主政治の衣をまとった独裁制です。2016年の日本の政治状況は、民主政治の衣をまとってはいますが、事実上の独裁体制です。「安倍独裁」といっても過言ではないと思います。

かつての中選挙区制のもとでは、政権与党の自民党と野党第一党の社会党との間で政権交代は実現しませんでしたが、自民党内の「派閥」間で政権交代は恒常的におこなわれていました。中選挙区制は、自民党内での政権交代を可能にすることによって「独裁政治」を阻止していたのです。中選挙区制は「小選挙区制下での一党支配」より、はるかに民主主義的な選挙制度なのです。日本の政治風土は、２党制よりも多党制に適しています。中選挙区制が日本の政治風土に適しているのです。小選挙区制のもとでの政権交代が不可能になったいま、より民主主義的な選挙制度への転換を真剣に検討すべきだと思います。新しい中選挙区制の導入の議論を起こすべき時がきているのです。各政党の指導部は選挙制度改革を真剣に考えるべきです。

瓦解への道に堕ちはじめた民進党

最近、２０１２年12月まで民主党政権で活躍した数名の元民主党衆議院議員に会いました。偶然に会ったのですが、全員が政界から引退しただけでなく、民主党〔民進党〕から離党したと語っていました。とくに印象が強かったのは、民主党政権を潰した野田前首相が幹事長に就任したことを契機に離党した元国会議員がいたことでした。

民進党は、野党第一党として独立自尊の道を貫くべきか、共産党、自由党、社民党との選挙協力の道に進むべきかをめぐって右往左往を続けています。

民進党は、共産党からは「連合を取るか共産党を取るか」の決断を迫られていま
す。野党第一党のプライドは踏みにじられているのです。

かつて、民主党の応援団の役割を果たしてきた反体制の立場をとる学者や言論人
も、民進党離れをはじめています。自主自立の精神を失った民進党に復活の可能性
は低いとみられているのです。

中選挙区導入か、強大化した自民党の再分裂か

独裁政治の固定化を阻止し、政権交代可能な政治状況をつくり出すためには3つ
の方法が考えられます。

第1は、野党第一党である民進党の政権党への脱皮ですが、これはきわめて困難
です。絶望的です。

第2は、新しい中選挙区制の導入です。これが最適ですが、いまの政界に抜本的
な選挙制度改革をおこなうエネルギーがあるか否かが心配されています。いまの政

界に選挙制度へのエネルギーが不足していることは、残念なことですが、認めざるを得ません。しかし、この道が最良です。

第3は、民進党など野党の衰退により巨大化した与党が、1993年のように大分裂を起こし、結果的に政権交代可能な二大政党制が復活することです。この道を期待する政界通は少なくないのですが、期待外れに終わる可能性はあります。

現状においては、安倍自民党の独裁政治化による暴走のブレーキ役を果たしているのは、連立政権のパートナーの公明党です。公明党はよいブレーキ役を果たしています。自民党内では二階俊博幹事長が健全な民主政治の維持のため努力しています。

野党第一党の自己崩壊的衰退は、日本の政治の独裁化を促進しています。野党指導者は自らの無責任・無能力を認めて反省し、将来性のある後進に道を譲るべきです。すべての政治家が民主政治を守る方法を、真剣に議論すべき時がきていると思います。

民進党は単独政権を目指すべし！　衆院選でも野党共闘をつづけるようであれば永遠に抵抗政党になる

2016年9月号掲載

「人間の一生に賭をしてならない時が2度ある。それをする余裕がない時と、余裕がある時である」（マーク・トウェーン）

民進党は野党共闘をつづけるのか？

岡田克也民進党代表は、去る２０１６年7月10日の参院選における野党共闘は一定の成果をあげたとして、今後も野党共闘をつづけると明言し、次の衆院選も野党共闘をおこなう考えです。しかし、自らは9月の代表選に出馬しないとのことですが、党内には不満が渦巻いています。

政界では次の衆院選は２０１６年11月か12月との説が広がっています。安倍晋三内閣は10月の臨時国会で大型補正予算を成立させた後、衆議院を解散するとの見方が強いのです。この衆院選を民進党単独で戦うのか、それとも共産党を含む野党連合で選挙を戦うのか――9月の民進党代表選での路線論争の中心テーマです。

私は、民進党が衆院選で共産党と選挙協力をおこなうことは大きな間違いだと思います。民進党はあくまで単独で衆院選での勝利を目指すべきです。小選挙区制下で民進党はつねに政権を目指す政党でなければなりません。もしも衆院選で共産党との選挙共闘を実行すると、国民は、民進党が抵抗政党の道を選択したと判断するでしょう。

２０１６年7月31日の東京都知事選挙で、野党共同候補の鳥越俊太郎氏は大敗を喫しました。ここで、民進党指導部は目を覚ますべきです。民進党は共産党との選挙協力という賭けに負けたのです。共産党を頼りにするようでは政権への道を切り開けません。

「野党選挙協力」といっても実態は、民進党と共産党の選挙共闘です。選挙区ごとに政策協定を締結し共産党票を民進党候補または無所属候補に回すことです。一部では民進党候補を降ろして民進党票を共産党に回しました。

民進・共産両党の選挙協力の民進党側のメリットは、共産党票をもらうことにあります。たしかに7月10日の参院選の1人区で共産党票が入り当選に貢献しました。これをもって民共協力を推進した民主党執行部は選挙協力の成果を強調します。しかし、民共協力によるマイナスもありました。民進党を支持してきた保守層や民社系有権者の民進党離れです。これは数字にはあらわれませんが無視できないほど大きなものでした。

民進党は共産党への幻想を捨てるべし

民進党と共産党に共通の政治目標（今回の場合は「改憲勢力の3分の2議席阻止」）があるなら、選挙協力協定などを締結せずに、それぞれが別々に進んで一緒に打てばよいのです。共産党が民進党に勝利させたいなら協定など求めずに立候補者を降ろせばよいのです。自由な政党活動を拘束するような文書は無意味であり、時には有害です。

「野党共闘」は共産党にとっては大きな意味があります。それは、共産党が政界のアウトサイダー的存在から民進党とともに政界のインサイダーになることです。共産党は民進党を「統一戦線戦略戦術」に巻き込み、やがて民進党を分解し共産党の餌食にしようとしています。おそらく「民共協力」を推進した民進党執行部や生活の党指導者は共産党のことをよく知らないまま、共産党のインサイダー化に手を貸しているのだと思います。

民進党の最大の支持組織の連合の神津里季生会長は、読売新聞記者の「民進党衆議院議員の中には、小選挙区で共産党候補を降ろしてもらうことを期待する向きもある」との質問に答えて、こう述べています。「そんな根性でやっていたら勝てない」（２０１６年7月28日付朝刊）。神津連合会長の言うとおりで、岡田代表下の民進党には、政権交代可能な政治体制の一翼を担うという根性が欠けているように私には感じられます。「共産党をインサイダー化するのと交換に共産党票をもらおう」などという卑しい気持ちを民進党は捨てるべきです。

共産党との協力は2016年7月の参院選だけで終わりにすべき

民進党と生活の党の指導者は共産党を過大評価しているのではないかと感じます。『月刊レコンキスタ』8月1日号に元日本共産党国会議員秘書・篠原常一郎氏の「『野党共闘』の要＝日本共産党は躍進したのか？——実態は最高時の失地回復ならず『躍進の波』は停止」によりますと、「前回参院選（平成25年）から始まった共産党躍進の波が、今回参院選で押しとどまった」のです。篠原氏は獲得議席数、得票率などの資料を示して、共産党の党員数、機関紙部数など党勢が頭打ちになっていることを立証しています。

民進党と生活の党の指導者は、共産党の力が落ちているのに、党勢拡大中だとの錯覚のもとに選挙共闘に踏み切ったのです。愚かなことです。民進党が共産党と手を結んだことを政府自民党の側は恐れませんでした。逆に「民進党攻撃がやりやすくなった」と判断しました。「民進党は共産党と一緒になった」との宣伝ができるようになり、民進党候補に対して優位に立てると判断したようです。

共産党は自衛隊を憲法違反だとしています。これに対し民進党は自衛隊を合憲だとしています。民進党と共産党では自衛隊に対する考え方が正反対です。民進党は改革政党で革命政党ではありません。しかし、共産党は２段階革命路線に立っています。第１段階では民主主義革命を達成し、次いで社会主義革命をおこなう、というのです。現代社会を基本的に認めて改革を進めようとする民進党と革命を目指す共産党とは、基本目標が違うのです。衆院選まで選挙協力をおこなおうというのは、それぞれの政党の支持者を裏切ることになります。

民進党は９月に代表選をおこないます。この時こそ過ちを正すべきです。民進党は共産党とともに進む抵抗政党になってはなりません。小選挙区制度のもとで政権交代なき自民党一党体制を恒久化させてはなりません。共産党との協力は２０１６年７月の参院選だけで終わりにすべきです。

民進党は連合とともに進むべきです。連合は民進党が共産党との協力に踏み切ったことに困惑しています。９月の代表選で世代交代をおこない、新しい若いリーダーのもと民進党単独政権樹立に向かって進むべきです。

野党の崩壊下で憂慮される安倍自民党政治の独裁化と軍国主義化

2013年9月号掲載

「累卵の危うき」（『漢書』）

2013・7・21は野党が消えた日

2013年7月21日の参院選の最大の特徴は、日本の政治から野党が消えたことにある、と私は思っています。野党が消えたことは独裁政治の登場を意味します。民主主義は権力の分散によって成り立ちます。権力の一極集中は民主主義を破壊します。現代の民主主義は議会制度によって維持されています。議会制民主主義は多数派が与党となり政権を掌握しますが、少数派は野党として政権を監視し、批判し、時には暴走を止める役割を果たします。権力の一極集中を制限することが民主主義を守る道なのです。

第２次大戦後に日本が議会制民主主義の時代に入って以後、今日まで野党は存在していました。野党の役割は、第１に国民の声を政治に反映させること、第２に政権の暴走をチェックすること、第3に国政選挙の際には政権への批判票の受け皿になること、です。第２次大戦終了から今日まで、野党は、たとえ勢力が大幅に減退した時ですら、この役割を担ってきました。日本の民主政治は野党が存在することによって守られてきたのです。

しかし、２０１３・７・21以後はどうでしょうか？

たしかに野党議員はいます。だが、野党は分散し、互いに足の引っ張り合いを演じています。それぞれの政党は内部対立に苦しんでいます。野党議員はいるにはいるのですが、野党らしい仕事をする力を失ってしまっているのです。それと、野党にとってもっとも必要な「国民の信頼」が失われてしまったのです。これは、野党にとって致命的なことです。日本の政治から事実上、野党が消え、独裁政治の時代に入ったといって過言ではないと思います。

結果的に「安倍独裁体制」が成立した

野党が消えたことの影響は甚大です。安倍晋三自民党内閣は独裁政権になりました。現在、自民党内から反主流派、非主流派が消えました。自民党内野党は存在しないのです。安倍体制は自民党内において独裁化しているのです。

議会内から野党が事実上消えました。議会からも自民党内からも、政治権力をチェックする批判勢力が消えたのです。安倍首相が暴走した時、これを止める力は、存在しないのです。政治権力が過った方向へ暴走する時、止める力がないということは、じつは深刻なことなのです。安倍政権にはアクセルだけあってブレーキがないに等しい状況です。

しかも、戦後民主主義を支える役割を担ってきた中央のマスコミは、事実上、政治権力の走狗と化してしまっています。東京に本社のある大新聞社とテレビ局は、安倍政権の応援団的広報機関に化してしまっているのです。本来、マスコミは国民のために働くべき役割を担っているはずです。国民と政治権力とをつなぐ役割をもっているのです。しかし、いまの中央のマスコミは政治権力の側に立つ用心棒のような存在に成り下がってしまいました。

自公連立体制の矛盾と公明党の苦悩

唯一、ブレーキになる政治勢力があります。それは公明党です。ただし、公明党はジレンマのなかにあります。安倍自民党政権の側から、自公連立政権を優先させるか、それとも公明党の平和・中道の政治理念を優先させるかという二者択一を迫られた時、苦悩することになります。頼山陽の言葉を借りると「忠ならんと欲すれば孝ならず、孝ならんと欲すれば忠ならず」です。

公明党は、過去においては自民党との連立を優先させてきました。このため、自民党は「公明党は必ず自民党についてくる」との確信をもっているようです。

公明党にとって当面する最大の深刻な問題は、集団的自衛権行使容認の問題です。

自民党が公明党に集団的自衛権行使容認を強く求めた時、公明党はどうするでしょうか？

自民党提案を受け入れれば、公明党は平和主義を捨てることになります。拒否すれば自公連立体制を解消することになります。公明党はぎりぎりの選択を求められます。自民党内では「公明党はついてくる」との見方が優勢です。しかし、公明党は、いまは「反対」で一致しています。私は、公明党は自らの平和の理念は変えないと信じていますが、どうなるでしょうか。自民党にとっても、次の選挙を考えると、公明党との関係は悩ましいことです。

安倍独裁体制のあやうさ

もう1つは憲法改正発議の問題です。日本維新の会とみんなの党が自民党に憲法改正の発議を迫り、民主党内の憲法改正派がこれに同調して、衆参両院で3分の2を確保できる状況になった時、自民党も公明党も、自公連立維持を優先させるか否かの問題を突きつけられることになります。

安倍政権は反中国、反韓国政権といっても過言ではないと思います。安倍首相は、表面上は中国との対話の扉は開けておくと言っていますが、強腰です。安倍首相に中国、韓国に譲歩する考えはないとみなければなりません。中国、韓国も、このことは十分に承知しています。日本と中韓両国との対立が長期化した時、日本はイスラエルのような周辺国と対立しながら米国との関係だけを大事にする国になるでしょう。世界からはすでに「日本のイスラエル化」と言われています。果たして、こんなことができるのでしょうか？

日本のイスラエル化は、日本が米国に従属した軍事国家に変わることを意味します。日本が反中国・反韓国・従米の軍事国家に向かうことを、日本国民は受け入れるでしょうか。私は「平和」が勝つと思っていますが、この点が、これからの最大の問題だと思います。

6月23日の東京都議会議員選挙で惨敗し追い詰められた民主党に再生の道はあるか？

2013年8月号掲載

「不幸というものは、耐える力が弱いと見てとると、そこに重くのしかかる」（シェークスピア）

都議会第4党に転落した民主党

2013年6月23日の東京都議会議員選挙で、自民党は59人の候補者がすべて当選しました。大きな選挙における自民党の候補者全員当選というのは、私の記憶にはありません。自民党は空前絶後と言えるほどの歴史的大勝をおさめたのです。

東京都議会の定数は１２７、過半数は64です。自民単独では過半数に届きませんが、連立のパートナーである公明党（23議席全員当選）を含めますと82となり、過半数を大きく超えます。みんなの党（7議席）が加われば3分の2も超えます。東京都議会でも「自公」安定政権が生まれたことになります。

自民党大勝利のかげで泣いているのが民主党と日本維新の会です。民主党は２０１２年12月16日の衆院選に続く大惨敗です。民主党は共産党（17議席）をも下回り、東京都議会第４党に転落しました。日本維新の会もピンチです。

安倍政権の3つのあやうさ

東京都議会議員選挙は日本国民の約１割の有権者による大型の選挙です。７月21日の参議院議員選挙の前哨戦と言われました。もしも、この6月23日の有権者の投票行動が、７月21日の参院選にそのまま維持されますと、自民大勝、公明完勝、共産躍進となり、民主党と維新が没落してしまうことになるでしょう。この可能性は高いと見なければなりません。そうなると安倍晋三自公連立政権は安定します。強大な政権になります。

安倍政権にはあやうさがあります。ここでは3つだけ指摘しておきます。

第1は、世界中から「極右政権、歴史修正政権」と見られて警戒されていることです。しかし、日本国民の大多数は、このことを知りません。東京都民もほとんど知りませんでした。「安倍政権が強くなれば景気はよくなり、日本経済は発展する」と思い込んでいる人が少なくないのです。大多数の国民は安倍政治のプラス面しかみていないのです。

第2は、安倍政権は反中国政権であり、中国を孤立させるための中国包囲網づくりに動いている、と世界からみられていることです。

平和国家として生きるべき日本政府（安倍政権）が超大国・中国に激しい対抗心を抱き、中国を孤立させるための中国包囲網づくりをおこなうというのは、私には狂気の沙汰としか思えないのですが、東京都民のほとんどは、このことを知りません。知っている人も、これが非常に大事な問題であるとは思っていないようにみえます。

安倍政権の「光」のみを報道する大メディア

第3は、国民的には経済政策として比較的評判のよいアベノミクスが、このままでは大企業、富裕層、恵まれている層のための経済政策になってしまい、中小企業や恵まれざる層のためにならないということに、多くの国民はいまだ気づいていません。しかし、暗い面はあるのです。

こうなる原因の1つは、東京の大メディアが安倍政権に無批判になっており、安倍政権の「光」の部分のみを報道していることにあります。多くの国民は安倍政権の「影」の部分に関心が低いのです。もっと「影」の部分をみるべきです。

しかし、「しのび寄る不安」の拡大は防ぎようがありません。安倍政治に対して不安を感じている人々の中に、投票所へ行かない人々が増えているのです。これが、東京都議会議員選挙の投票率（43・50％）の背景です。適当な受け皿がないために棄権しているのです。

安倍首相の危険性に対し、おそろしいほど鈍感な民主党

来る7月21日の第23回参院選の最大の注目点は「反自民・非自公」票の受け皿となりうる唯一の政党である民主党が、立ち直るか否かにあります。立ち直れば、逆転も起こりうると思います。

いまのところ民主党には「影」の部分が多すぎます。第1は弱体執行部だという点です。外部からみていますと、いまの海江田万里・細野豪志執行部は「何をしたらよいか」すらわかっていないように見えます。

さらに、民主党を自滅させたA級戦犯たちが生き残っていて、民主党の主導権を奪還する方向に動いているように見えることです。

そのうえ、決定的なことがあります。それは、極右主義的、超新自由主義的な安倍政権がきわめて危険な政権であると、民主党員は感じていないようにみえることです。民主党は安倍首相の危険性に対して、おそろしいほど鈍感です。

参院選の勝負は最後の１週間で決まる

ただし、少しだけ変化の兆候がみえます。一筋の明るい光です。

第１は、民主党の最強の大物政治家である鹿野道彦元農林水産相が、日本と民主党の危機を救うために起ち上がり、参院選に立候補したことです。この鹿野氏の自己犠牲的行動は、心ある民主党員を奮い立たせました。

第２は、労働組合が選挙活動への強化に真剣に取り組みはじめたことです。

第３は、東京都議選で共産党以下の政党に転落した民主党に、支持者が活を入れはじめたことです。心ある民主党員に危機意識が出てきました。

安倍政権の危うさに目覚める国民も増えはじめているようにみえます。参院選の勝負は最後の１週間で決まります。これからが真の勝負の時です。

民主党再生困難論にあえて抵抗します

2013年4月号掲載

「われわれは、人に忠告する時には賢い。しかし、自分の過ちには気づかない」（エウリピデス）

鳩山、川崎、植松3氏の離党

２０１３年２月26日（火）の朝刊各紙は、鳩山由紀夫元首相の民主党との訣別と川崎稔、植松恵美子両参議院議員の民主党離党のニュースを伝えました。『東京新聞』の記事を引用します。

まず、鳩山元首相の「民主とは別行動」の記事です。

《民主党の鳩山由紀夫元首相は25日、札幌市で（中略）、民主党に関し「再生は難しいと感じた。昔の民主党とはあまりにも懸け離れてしまっている。私としては別の行動をしたい」と党と距離を置く考えを示した。離党届提出などの手続きは取らないという。》

『東京新聞』では「別行動を取る」となっていますが、他紙のほとんどは「離党」と報道しました。国民は、鳩山元首相はもう民主党員ではないと思っているでしょう。ご本人は、離党届は出さないようですが、鳩山氏はきちんとけじめをつけるべきだと思います。離党届も出さず別行動を宣言して自由に生きるという鳩山氏の行為を、民主党への侮辱と受け取っている党員もいます。鳩山氏は礼節をわきまえない人物とみられるでしょう。

川崎、植松両参議院議員の離党の記事は次のとおりです。

《民主党は25日の役員会で、川崎稔、植松恵美子両参院議員が提出した離党届を受理することを決めた。細野豪志幹事長はこの後の記者会見で「これまでの離党届の

扱いも参考にしながら、残念だが受理せざるを得ないと判断した」と述べた。》

踏みとどまれ!

民主党は川崎、植松両議員の離党届を穏やかに受理したことは、よいことだと思います。私が知る限りでは、川崎、植松両議員は真面目で誠実で優秀な人です。2人のいままでの民主党に対する貢献と2人の礼儀正しい生き方に対して、民主党執行部が礼節をもって対応したことはよいことだと思います。ただ、私の感想をあえて申し上げれば、川崎、植松両氏は離党の時期を少なくとも2月24日の民主党大会の後にするのが、いままでの同志たちに対する礼儀ある対応ではなかったかと思います。民主党に残っている同志へのほんの少しの気配りがほしかったと思います。

今後も、鳩山、川崎、植松氏らに続いて離党者が出ると思います。永田町(政界)は噂の世界です。民主党を参議院第一党の地位から引き下ろすための諸々の工作がおこなわれていると情報が出回っています。民主党内の諸々のグループと日本維新の会やみんなの党との連携の動きも活発化しています。民主党を離党して日本維新の会に入党する動きもあるようです。衆院における民主党の野党第一党の地位も危うくなってきています。

民主党はこのまま崩れていくのでしょうか。私は、民主党員に向かって踏みとどまれ！と訴えています。どん底の民主党を再生させる死にもの狂いの努力によって民主党の党組織と党員自身を鍛え、新たな強靭な精神をもった民主党を建設するよう訴えていますが、いまのところ成果はあがっていません。しかし、あきらめず粘り強く努力するつもりです。

なぜ民主党の再生を求めるのか

理由は３つあります。第１は平和主義を守るためです。安倍晋三政権は憲法改正を本気で考えていると思います。２０１３年夏の参院選で憲法改正派が躍進し３分の２の議席を占めることになれば、衆参両院で憲法96条の改正を発議する可能性はありえます。来年２０１４年中には国民投票がおこなわれる可能性は否定できません。96条が改正されれば、衆参両院議員の過半数で憲法改正発議ができるようになります。安倍首相は第1段階で96条改正をおこない、次いで第9条改正をおこなうとの2段階改正を明言しています。

現状では、憲法第9条の改正に反対の立場をとっている議員は、公明党、共産党、社民党のほかはごく少数です。民主党は曖昧です。

民主党が賛成するか反対するかによって、憲法第9条改正ができるか否かが決まります。憲法改正に関しては、民主党がキャスチングボートを握っているのです。憲法第96条と第9条を守り抜くためには、民主党が立ち直って憲法改正反対の立場を貫いてもらわなければならないのです。

もう1つ、理由があります。民主党がつぶれたら、日本の議会制民主主義の存立があやうくなるのです。自民党と日本維新の会だけでは議会制民主主義は成り立ちません。

安倍体制下の自民党は従米・極右に向かって暴走しはじめています。自民党内には安倍首相ら極右勢力の暴走を止める力はありません。安倍首相ら自民党極右勢力の暴走を止めることができるのは公明党だけです。しかし、もしも日本維新の会が大躍進して安倍自民党と一体化したら、公明党だけで暴走を止めるのは困難になるでしょう。

民主党の復興は日本の平和と民主政治にとって大切

民主党が健全な議会制民主主義を守る政党として存在することは、安倍自民党の暴走を止めるために必要なのです。民主党内には、一部に従米極右の政治家はいますが、まだ平和主義と議会制民主主義を守ろうとする真面目な人、党員のほうが多いと私は思っています。これらの真面目な党員の平和と民主政治を守る努力に、私は協力したいのです。大多数の人が民主党にさよならしている風潮に接して、私はあえて民主党の側に立つつもりです。民主党の復興は日本の平和と民主政治にとって大切なことだと思います。民主党の崩壊を止めたいと願っています。

民主党は政権公約違反に対する国民の怒りを知れ

2012年8月号掲載

「騙すに敵なし」（日本の諺＝相手が騙す気で巧みに欺けば、いくら用心しても、これを防ぐ手段はないという意味）

政権交代は消費増税反対が要因の1つ

一般の市民は正直に生きています。時に人を騙す者はいますが、長いあいだ騙し続けることは困難です。

人を騙した者は、一時はごまかすことができても、長い期間には必ず報復されます。制裁されます。

2009年8月30日におこなわれた衆議院議員選挙における民主党の政権公約のなかで最大の公約の1つは「消費税を上げない」というものでした。「少なくとも、もう1つ先の総選挙までは上げない」という政権公約を民主党はしました。国民は、民主党政権が登場すれば、消費増税はしないと考えて投票しました。この「消費増税反対」の政権公約は、民主党が総選挙に勝利し、政権をとることができた要因の1つとみてよいと思います。

ところが、民主党初代の鳩山由紀夫内閣に代わって2010年6月に菅直人内閣が発足すると、菅民主党政権は消費増税を叫びはじめました。自民党の消費増税公約に便乗して政権公約違反の消費増税を言いはじめたのです。

この結果、民主党は同年夏の参議院議員選挙で国民から厳しい批判を受けて敗北し、過半数割れに追い込まれてしまいました。

大マスコミに支援される野田首相

菅首相に代わって登場した野田佳彦首相は、民主党代表選時には「消費増税」を叫びませんでしたが、首相に就任すると大声で叫びはじめました。しかも、国内での議論のない状況で「消費増税をする」と国際会議で発言し、国内に先行して国際公約にしてしまいました。やり方があまりにも強引でした。野田首相は、まず消費増税を国際公約することによって、日本の国内世論に縛りをかけたのです。

ところが、野田首相の「消費増税先行」の姿勢は、東京の巨大マスコミから強い支持を受け、支援されました。野田首相は巨大マスコミに支えられて、国際会議で「増税」の公約を次々と繰り返しつづけました。そして、「増税しなければ日本の国際的信用は落ちる。日本の国債が売れなくなる。金利が上昇して日本の中小企業の経営は悪くなる」という理屈をつくりあげ、消費増税世論を高めようとしました。これを東京の巨大マスコミが応援しました。

野田首相は民主党内を強引なやり方で押し切るとともに、自民党、公明党への協力要請を続けました。この野田首相の自民、公明への接近作戦を大マスコミが支持しました。

この結果、民主、自民、公明の３党合意ができ、６月末、消費増税法案が民主、自民、公明３党の賛成で衆議院を通過し、参議院に送られました。

消費増税と政権奪還の二兎を追う自民党

この間、東京の大マスコミの目は、民主党の小沢一郎元代表と小沢グループの造反に集中しました。約70名の民主党衆議院議員が反対または棄権という形で造反しました。民主党は分裂状態になりました。もしも50名以上の衆議院議員を擁する反増税新党が結成され、消費増税法案成立前に野田内閣不信任決議案を国会に提出すれば、野田政権だけでなく、３党合意に加わった自民党と公明党は苦境に立たされるでしょう。

自民党と公明党が消費増税法案を守ろうとすれば内閣不信任案を否決しなければなりませんが、これでは結果的に野田政権を信任することになってしまいます。そうなりますと次の総選挙で民主党と徹底的に戦うことは困難になります。民主党に代わって政権をとるという戦略と矛盾してしまいます。だからといって、内閣不信任案を可決すれば、消費増税法案は潰れてしまいます。自民党は消費増税の実現と政権奪還の二兎を追い続けているのです。これができなくなってしまいます。自民党と公明党は「忠ならんと欲すれば孝ならず、孝ならんと欲すれば忠ならず」(頼山陽)という状況におかれてしまうのです。

ただし、小沢新党に野田内閣不信任案の提出に踏み切る力がなければ、自民、公明両党が苦境に陥る可能性は低いでしょう。

国民は「嘘と騙し」の政治に怒っている

消費増税法案をめぐる政治報道が過熱するとともに、国民の消費増税に対する態度が明らかになってきました。大多数の国民が消費増税に反対しています。「社会保障と税の一体改革」と言いながら、社会保障の具体案ができておらず、増税だけが先行していることに国民は強い不満をもっているのです。

それ以上に、デフレ不況が深刻化し、ヨーロッパ発の世界大恐慌の危機が迫っているなかでの大増税先行に怒っている国民は増えているのです。

さらにそれ以上に、野田民主党政権の公約違反の政治に国民は憤っているのです。国民の大多数の怒りの方向は、公約違反の民主党に向けられているのです。民主党の「嘘と騙し」の政治への怒りが爆発しかけているのです。もちろん、「デフレ不況下での大増税」に、多くの国民は反対していますが、それ以上に「嘘」を許さないという世論が高まってきているのです。

国民がもっとも重視しているのは「政治道義」なのです。公約違反と嘘の政治を許したら、民主政治は破滅してしまいます。民主党の指導者諸君は政治責任をとるべきです。

第5章

日本を覆うニヒリズムに喝!

政局超安定下、しのび寄る東京エリートの倫理崩壊

「すべての権力は崩れ去る。絶対的権力は絶対的に崩壊する」（アクトン）

2017年4月号掲載

強大な安倍政権の成立

安倍晋三政権は強大な政権です。この成立過程を振り返ってみます。２０１２年11月の野田佳彦民主党内閣の自殺的解散でおこなわれた同年12月16日の衆院選で、民主党政権は崩壊しただけでなく政権交代可能な２大政党制を潰してしまいました。

これにより小選挙区制度のもとで政権交代困難な状況が生まれました。55年体制は中選挙区制のもとでの自民党一党支配でしたが、自民党内での政権交代はおこなわれていました。しかし、小選挙区制のもとでは自民党は一枚岩的政党になりました。野党第一党に政権交代を実現して政権の座につく能力が欠けていることにより、安倍政権は絶対的安定権力になりました。

安倍政権成立以後、３回の国政選挙がおこなわれました。２０１３年参院選、２０１４年衆院選、２０１６年参院選です。この３回の選挙で自民党は勝利し、衆参両院で過半数をもつ強大な政権に成長しました。この間、民主党は敗北を繰り返しました。維新の党との合同による民進党の成立後も党勢は低迷しています。

連立政権のパートナーの公明党は、この間の選挙で勝ち続けています。公明党は安倍自公連立政権の中で健全なブレーキ役を果たしています。

安倍政権は、すべての面で好調のように見えますが、強大政権になって以来、一部の識者の間で心配されてきたことが起こりました。それは巨大政治権力、とくに官僚のたるみ・堕落・腐敗です。巨大企業にもたるみ・堕落・腐敗が広がりました。

巨大自治体の東京都庁にも同じ現象が起きています。東京エリートの倫理の崩壊が目立ってきているのです。

日本の国全体を見渡しますと、健全な倫理は地域の草の根で生き続けていますが、しかし、一極繁栄の東京（中央）エリートは健全な倫理を失い、堕落し、巨大組織が頭から腐ってきています。いまの日本に問われているのは、腐りはじめた東京エリートの頽廃をどう克服できるかということです。

「李下に冠を正さず」とは、政治指導者は他人から疑われるようなことはすべきでない、という意味の言葉です。政治指導者が心掛けるべきことですが、いまは忘れられています。

安倍首相夫妻の「たるみ」を感じた国民

最近、安倍首相夫人の大阪市の学校法人「森友学園」名誉校長就任問題が話題になりました。森友学園にかかわる国有地売却の疑惑が生じた後、安倍首相夫人は名誉校長を辞任しましたが、高い人気に支えられてきた安倍首相夫妻の「甘さ」が話題になっています。李下に冠を正さずを守り抜くべき立場にある安倍首相夫妻の

「たるみ」を感じた国民は少なくないと思います。

国有地売却の国会審議において、もう1つ目立ったことがあります。それは麻生太郎副総理兼財務大臣の乱暴な態度と、財務省幹部の高圧的・強権的姿勢です。財務省側は「手続きに問題はない」を繰り返すだけで、どうして8億円も値引きしたのかについて、国民を納得させる説明をしようとしません。資料も廃棄したと言っています。態度が非常に傲慢です。この事件は「驕る平家は久しからず」を感じさせます。

文部科学省のエリート官僚の違法な天下り問題は二重の意味で罪が重いと思います。第1にはエリート官僚が守るべき法を平然と犯した罪です。第2は教育行政のトップに立つ者としての教育上の罪の重さです。この違法な天下りを主導したのが官僚組織トップの事務次官でした。この前事務次官は辞任後に5000万円以上の巨額の退職金を受け取っています。国民としては納得できないことです。この点は、公明党の高木美智代衆院議員が委員会審議で指摘したことです。

この文科省エリート官僚の行動の底にみえるのは、エリート官僚の法を守る精神の衰退です。さらに、この底にあるのは「自分さえよければ思想」です。教育行政のトップに立つ文科省エリート官僚まで「自分さえよければ思想」に侵されてしまっているのです。〝道義、地に落ちたり〟です。

底なしの無責任体質の東京都庁

東京都庁のたるみ・堕落・腐敗は深刻です。小池百合子都知事が誕生して以来、7カ月以上がたつのに、豊洲市場を誰がどう決めたのか明らかになっていないのです。東京都庁のエリート官僚たちは「知らぬ、存ぜぬ」を繰り返すばかりです。資料すら残っていないのです。豊洲新市場建設を決定した時の石原慎太郎知事（当時）の回答は意味不明です。

東京都議会は百条委員会を開いて石原元知事、浜渦武生元副知事らを喚問することにしましたが、これによって真相が解明できるかは不明です。

東京都庁のたるみ・堕落・腐敗は、東京への人と企業と金とモノの一極集中によって加速されました。東京都以外の全国の地方自治体は程度の差はあれ、ほとんどが財政危機に悩まされています。財政危機の中で各地方自治体の職員たちは必死の努力をしています。財政難の自治体にも不祥事は起きますが、東京都庁のゆるみ・堕落・腐敗とは異なっています。東京都のエリート官僚の倫理喪失は、地方の自治体にはありません。東京都庁のエリート官僚の堕落のおそろしさは、とくに極端な無責任体質にあらわれています。

小池知事は、東京大改革を唱え、東京都議会の過半数を小池知事支持の議員で固めようとして政治闘争を仕掛けていますが、「木に縁りて魚を求む」に等しい錯覚です。小池知事支持者が都議会の過半数を占めたとしても、東京都庁エリート官僚の無責任体質を変えることはできません。小池知事の東京大改革には中身がありません。小池知事には政治倫理確立の視点が欠けているのです。東京都エリート官僚の堕落のもとを断つためには、東京都の分割・縮小が必要です。これが東京都改革の出発点です。

岐路に立つ日本——中国・アジア諸国と連帯すべし

2017年3月号掲載

「剛強なるは必ず死し、仁義なるは王たり」（『古文真宝』）

トランプ流の「力ずく政策」は必ず行き詰まる

右記の格言は曾子固「虞美人草」の中の言葉です。

「みずからの強剛をたのみ、力をもって世を制する者は必ず亡びる。これに反して、仁義をもって立つものは王者となる。これは天理だ」という意味です（諸橋轍次

『中国古典名言事典』）。

ドナルド・トランプ米大統領は、力ずくで敵対者をねじ伏せようとの姿勢を貫けば、必ず行き詰まり、失敗すると思いますが、世界最強の軍事力と政治力と経済力をもつ米国政府が乱暴の限りをつくせば、世界は大混乱に陥ります。世界の大混乱は長くつづくことになるでしょう。悪くすると第３次世界大戦が起こるかもしれません。超大国間の核戦争は世界を破滅させるおそれがあります。

トランプ旋風の悪影響を最小化する努力が必要です。

どうすればトランプ旋風の悪影響を最小化できるでしょうか。私は、まずトランプ大統領の暴言に過剰反応しないことが大切だと思います。あえていえば、トランプ氏の暴言を無視することです。無反応が最良です。

しかし、マスコミは過剰反応を繰り返しています。トランプ暴言の悪影響を極大化しているのがマスコミです。

巨大な自動車会社の指導者たちも過剰反応しています。トランプ大統領の思うつぼです。

いくつかの政府も過剰反応しています。代表的なのはイスラエル政府と日本政府です。これはもっとも愚かな対応です。

冷静な対応をしているのは中国政府とドイツ政府です。トランプ大統領の行動を冷静に眺め、分析しています。とくに中国政府は、トランプ大統領とロシアのウラジミール・プーチン大統領の動きを慎重に分析しています。安倍晋三首相は見習うべきです。

注目される米中関係

トランプ大統領は中国政府をさかんに挑発していますが、中国政府は音無しの構えです。ついにトランプ大統領は中国政府に対して究極の挑発をかけました。「1つの中国」の合意を変える可能性を示唆したのです。「2つの中国」論は中国として絶対に認められないことですが、中国政府はそれでも沈黙を続けています。

日本の報道機関の中国政府への取材能力は著しく衰えています。最近は、中国政府の動きについての報道はほとんどありません。日本の大新聞のなかで中国政府の動きについての報道は極めて少量です。

そんななか、朝日新聞２０１７年1月22日付朝刊６面に「台湾問題中米断交も覚悟」との見出しの清華大学国際関係研究院副院長・趙可金氏の発言が注目されました。重要発言の一部を引用します。

《台湾の主権は中国には絶対に譲れない一線だ。もし彼（トランプ氏）が「１つの中国」に手を出せば、中国には米国と断交する覚悟がある。中国は恐れずに腕力を振るう。台湾は平和的発展を望み、孤立は望んでいないという。だが、もし別の道を歩むなら中国は動く。中国は米国と断交したとしても、天が崩れ落ちることはない。対米関係での一定の緊張感は中国に利もある。（中略）外圧があれば中国人は団結する。》

趙氏の発言は「中国が米中断交」を覚悟しているとのメッセージを米国政府だけではなく、全世界に送ったことになります。

安倍首相はどうするでしょうか？

「米中断交」という事態になっても「日米同盟」の名のもとに米国政府に追従するのでしょうか。日本政府が「２つの中国」に踏み出せば「日中断交」を覚悟しなければなりません。安倍首相は、米中対立が激化しても反中国を貫くとすれば、日本はアジアの一国ではなくなってしまいます。

日本は中国と和解すべし

トランプ大統領はプーチン大統領と連携して世界を支配しようとしているようにみえます。狙いの1つは石油資源の支配です。オバマからトランプへの転換という米国の政変は、プーチン大統領を世界の表舞台に復活させました。これからトランプ・プーチン時代がはじまります。

トランプ大統領の登場は、第2次大戦後の日米関係を終わらせてしまいました。第2次大戦後の日米関係の原理は「吉田ドクトリン」でした。吉田ドクトリンとは「日本は軽武装の平和的経済国家として生きるが、米国に軍事基地を提供し、ソ連（現ロシア）と中国に対する防衛は米国がおこなう」というものでした。トランプ氏の大統領就任によって、吉田ドクトリンは無効になりました。トランプ大統領は、日本政府の力量を超える負担を求めてくることは明らかです。日本は軸足をアジアに移さざるを得なくなりました。米国政府との関係を平和的に清算しつつ、アジアの中の一員として生きる道を模索しなければならなくなったのです。

アジアの一員となるためには、安倍内閣は対中政策を修正しなければなりません。いままで安倍首相はバラク・オバマ政権の対中国政策に協力し、中国包囲網づくりのための外交に精を出してきましたが、この外交政策を大転換すべきです。

安倍首相は長期政権を目指しています。長期政権を実現するためには米国との信頼関係を保つ必要があると考えています。このためトランプ大統領が日本に求めている2国間交渉を受け入れる構えです。さらに米国政府が求める防衛負担の増大を飲む方向です。しかし、トランプ大統領の要求は日本の力を超えることは明らかです。日本は泥沼にはまるおそれがあります。

いまこそ日本は、軸足をアジア・中国に移し、自立の方向へ進むべきときだと思います。日本国民の自覚によって日本は独立を取り戻すべきです。１９３０年代以後の大日本帝国の過ちにより、戦争をし、敗戦により従属国となりましたが、いまこそ「従属」を終わりにすべき時です。

グローバリズムと反グローバリズムの衝突のなか、日本はどう生きのびていけるのか考える時である

2016年8月号掲載

「窮すれば則ち変じ、変ずれば則ち通ず」（『易経』）

米英主導のグローバリズムの終焉と反グローバリズムの台頭

1970年代末の英国におけるサッチャー革命、1980年代初期の米国におけるレーガン革命から最近までの三十数年間は、米英主導のグローバル化の時代でした。この間、世界中で新自由主義グローバリズムが荒れ狂い「いまだけ、カネだけ、

自分だけ」の風潮が広がりました。このなかで人類社会の伝統的秩序は崩壊し、弱肉強食主義がはびこりました。社会は少数の富裕層と中間層、大多数の貧困層に分裂しました。世界中が格差社会と化しました。

しかし、最近になって過去30年以上にわたる米英主導の新自由主義グローバリズムが崩れはじめました。反グローバリズムが台頭してきたのです。しかも皮肉なことに反グローバリズムは、グローバリズムを引っ張ってきた米国と英国で台頭してきたのです。米国における「トランプ」現象、英国における「ＥＵ離脱」の背景にあるのは、米英両国における反グローバリズムの高まりなのです。英国は国民投票でＥＵ離脱を決定してしまいました。こんななかで、日本はどう生きるべきでしょうか。

２０１６年7月10日に参議院選挙がおこなわれましたが、残念なことに、このような世界的大変化にどう対応すべきかという大局的議論は、ほとんどおこなわれませんでした。日本人も内向きになっています。

いま日本国民が第一に為すべきことは、世界に目を開いて議論することです。「広く会議を興し万機公論に決すべし」です。

7月31日は東京都知事選の投開票日です。同知事選は単なる地方選挙ではなく、国際都市東京の生き方が問われます。この機会にグローバリズムと反グローバリズムが激突する時代の日本の生き方を議論すべきだと考えます。

いま日本の政治に必要なのは柔軟性

安倍晋三首相が推進している経済政策「アベノミクス」は、米国主導のグローバリズムに沿った政策です。とくに米国が新自由主義とグローバリズムを今後も推進しつづけることを前提としています。円安誘導もＴＰＰも、米国主導のグローバリズムが健在であることが前提です。

しかし、ほかならぬ米国において「トランプ旋風」が吹き荒れ「サンダース旋風」も反グローバリズムの流れに立っています。米大統領選挙の予想は困難ですが、たとえヒラリー・クリントンが大統領になったとしても、いままでの新自由主義グローバリズムがそのまま継続する可能性は低いと考えなければなりません。誰が大統領になったとしても、従来の米国主導の新自由主義グローバリズムは修正を余儀なくされるでしょう。

いま日本の政治に必要なのは柔軟性です。安倍政権は、反グローバリズムの台頭による米国の世界政策の変化に柔軟に対応しなければなりませんが、可能でしょうか。私は、この点を心配しています。

それは安倍政権の最大の基盤である自民党と中央官庁が硬直化し、柔軟な思考力を失っているからです。まず、自民党内に言論の自由がなくなりました。ほとんどの自民党国会議員は安倍首相に対して無批判です。批判精神を喪失してしまっています。中央官庁からも自由な気風が薄れてしまっています。そのうえ、言論界が堕落し、自由な言論を失ってしまいました。安倍首相に対して〝もの申す〟ジャーナリストがほとんどいなくなってしまいました。学界も同様です。視野が狭く、無気力です。

いまこそ世界的視野に立って旺盛な議論を起こすべきです。グローバリズムと反グローバリズムが衝突する世界の中で、日本はどう生きるべきかを、政界、官界、言論界、学界が議論を起こすべきです。アベノミクスの矛盾についても、おそれることなく議論すべきです。少なくとも柔軟な修正について国民的議論を起こすことが必要です。

「平和の危機」「道徳の危機」に対処すべし

世界的大変化の時代に入り、とくに注意すべき「危機」が2つあると思います。

1つは「平和の危機」です。いまの状況は、いつ戦争が起こるかわからないほど平和は脆いものになってきています。いったん戦争が起きたら、狂気が支配します。狂気が広がれば理性の力は弱まり、平和の回復は困難になります。戦争を途中で止めることほど難しいことはないのです。戦争は何世紀にもわたって人類社会に大きな傷を残します。戦争だけは起こさないようにしなければなりません。日本は世界平和、とくにアジアの平和を維持するために、平和政策を強力に推進すべきです。自民党内と安倍政権の周辺には「日米同盟がしっかりしていれば日本は大丈夫」という楽観主義があるのかもしれませんが、いったん戦争が起これば日米安保条約はほとんど役立たないと考えておくべきです。

もう1つ注意すべき危機があります。「道徳の危機」です。グローバリズムの根底にあったのは「いまだけ、カネだけ、自分だけ」の思想です。「いまだけ」は長期的な価値を否定するものです。「カネだけ」は拝金主義です。カネ以外の価値あるものを認めない考え方です。「自分だけ」は利己主義です。人間尊重の思想に反する思想です。

グローバリズムを否定する反グローバリズムのなかには、人類社会の伝統的価値観を復活させようとする真面目な傾向があるにはあるのですが、しかしそれは一部です。いまの反グローバリズム主流は一種の破壊主義です。グローバリズムの中に残っていた伝統的価値観をも含めてすべて破壊してしまおうとする破壊主義が燃えはじめています。

人類社会は、新自由主義グローバリズムの支配のなかで弱まった伝統的な道徳を取り戻す必要があります。博愛主義と社会的連帯の回復が必要です。「平和の危機」と「道徳の危機」の克服こそ、われわれに課せられたもっとも大切な課題です。グローバリズムと反グローバリズムの衝突の時代を、われわれ日本国民は、平和維持と道徳復興を実現しつつ、生き抜いていかなければならないのです。

２０１６年秋は、世界にとっても、日本にとっても、大事な時期になると思います。

中国・山東大学と沖縄・辺野古からみる日本の政治のあやうさ

2015年8月号掲載

「戦争は決して地震や津波のような天変地異ではない。なんの音沙汰もなく突然起ってくるものではない」（石川啄木）

沖縄・辺野古にて

２０１５年６月中旬、私は沖縄に行きました。辺野古を自分の目で見ることと琉球新報・金秀グループ主催のフォーラム「沖縄から平和を考える」に講師として出席することが目的でした。フォーラムにおける私の講演について、会場にいた私と同世代の友人・Ｋ氏（技術者ＯＢ）からの手紙には、私の発言が次のように書かれています。

《沖縄は東京、全国に強いメッセージを送っている。翁長沖縄県知事は悟りを開いた人、神仏に近い心境をもっている。堕落しきった東京を建て直す大きな光が沖縄から来ている。翁長さんをみんなで支持する国民運動を起こしたいと思う。》

Ｋ氏は手紙の中で「日本の平和を守るのは安倍総理ではなく国民であることを確認して辺野古基地反対に引き続き応援していきたいと思います」と述べています。Ｋ氏のように、技術分野で、政治的には中立の立場で、生涯を送った方も、辺野古への米軍基地建設には反対なのです。

沖縄県民は、翁長雄志沖縄県知事のもとに団結しています。ごく少数の安倍晋三首相支持勢力はいますが、大多数の県民の心が１つになりました。翁長知事に会いました。２時間ほどの懇談を通じて、翁長知事に「悟りを開いた人」を感じました。

沖縄県民は、翁長知事とともに、たとえ強大な日米軍事同盟からいかなる弾圧を受けようとも、辺野古への米軍基地建設を阻止する決意であると私は感じました。

沖縄県民は最後まで抵抗すると確信

辺野古の海岸を一望できる丘の上に立ちました。辺野古の海岸を歩きました。美しい風景です。美しすぎるほどの見事な自然の辺野古です。いくつか座り込みの小屋を訪問しました。300人ほどの座り込みの人々に会いました。3分の2の方々が女性です。沖縄全県下から毎日集まっています。1人の座り込みをしている実年の女性は言いました。

「子どもたち、孫たちのために、子孫のために、沖縄の自然を残したい。日米軍事同盟がどんな残酷なことをしようとも、私たちは屈しません。女の身ひとつの無抵抗の抵抗ですが、抵抗はやめません。翁長知事とともに進みます」

私は、1955〜1957年に東京都砂川町で展開された砂川米軍基地反対闘争を思い出しました。私自身、全学連の闘争委員長の役割を担っていました。1955年秋、砂川町の女性たちは多数の警察機動隊の前に立ち塞がり、身ひとつで抵抗しました。機動隊は女性たちに対し実力行使しました。この警察の、女性たちに対する蛮行が砂川町民全員、私たち支援の労働組合・学生・市民の心に火をつけたのでした。日本政府が辺野古で同じような乱暴をおこなえば、全世界の人々の心に火をともすでしょう。

美しい辺野古の海、この自然を守ろうと起ち上がった沖縄の女性たち、そして神仏のごとき心境にある翁長知事の存在は、強大な日米軍事同盟による乱暴な弾圧がおこなわれた場合、１９５５〜１９５７年の砂川闘争のように、沖縄県民は最後まで抵抗すると私は確信しました。

沖縄県民の側からは、日米軍事同盟は中国に戦争を仕掛けるために沖縄米軍基地を増強しようとしているようにみえます。安倍晋三首相は米国政府の手先になって中国に対して戦争をしたがっているようにみえるのです。

新しい沖縄の悲劇を阻止する道は、日本国民全体が沖縄県民の心になることだ、と私は確信しました。国民のみなさん、高校生、大学生のみなさん、辺野古へ行きましょう！

中国・山東大学にて

２０１５年６月26日から30日まで５日間、中国・山東省を旅しました。孔子の墓に詣でました。泰山に登りました。そして、山東大学における私の名誉教授授与式に出ました。

青島にも行き、経済発展の状況を見ました。中国国民は大規模な生活革命に取り組んでいます。中国国民は高水準の経済社会、道徳社会をつくるために、日夜努力しています。心から平和を望んでいます。

中国の指導層は安倍政権に対して強い危機感をもっています。何人かの山東省の地域リーダーから「安倍首相は、祖父の岸信介氏が戦前におこなったように中国に戦争を仕掛けるのでしょうか」と聞かれました。明らかに中国の全国の知識層は「安倍首相は米軍をバックにして、軍事力で中国を攻めてくる」と信じているようです。中国人は安倍首相の執拗な反中国の言動に、非常に敏感になっています。イライラが昂じています。

中国の知識層は安倍首相の言動を注意深く見ています。中国国民を意図的に怒らせるような挑発的言動も知っています。日本の自衛隊とフィリピン軍の２度にわたる南シナ海での軍事演習にも強い関心をもって観察しています。安倍首相は、戦前の東條英機、岸信介の再来と見られているのです。

日本国民は「和を以て貴しと為す」の精神を貫かなければならないと思います。

中国国民が「安倍首相は、軍事力で中国を攻めてくる」と信じつつあるような状況は異常です。この状況を変えるためには、日本国民が「日本は平和主義に立つ国である」ことを示さなければならないと思います。

日本の国是は「和」です。聖徳太子の十七条憲法第一項の「和を以て貴しと為す」は『論語』の中の一節です。

私は、孔子先生の墓前にて「日中平和の友好の実現のために努力する」ことを誓ってきました。

世界的視点と歴史的視野を失いつつある東京人／日中関係改善の時来たる

2014年12月号掲載

「生きるとは考えることである」（キケロ）

日本中にはびこる米国追従史観

一昨日、90歳近い姉から電話がありました。最近は目が悪くなったため、テレビは見ずにラジオを聴いているとのことです。姉は人生を通じて主婦と教育者でした。いまは2つとも卒業しています。ラジオはよく聴いているようです。姉はこう言いました。

姉「安倍晋三首相はいつ総辞職するの？」

私「いますぐ総辞職という話ですか？　そんな話は聞いていません。いますぐ総辞職ということはないと思いますが……。衆院解散の噂はあります」

姉「昨日、ラジオで、名前は忘れましたが、政治評論家を名乗る人が『アメリカは安倍首相を見捨てました。安倍首相時代はもうすぐ終わる』と話していました。自信満々の話でした。アナウンサーが『次は誰がなるのですか？』と聞いたら『わかりません』と言っていました。そんな状況になっているの？」

私「安倍首相への不信が米国政府内にあることは耳にしていますが、米国政府がいますぐに安倍政権打倒に動くことは考えられません。この世の中、一寸先は闇ですから、なにが起きるかわかりませんが、いますぐ総辞職ということはないと僕は思っています」

同じような話を、情報通といわれる人から聞いていますが、このような話がラジオで専門家の口から語られるというのはめずらしいことです。昔はこんな無責任な話は公共のマスコミではほとんど語られませんでした。マスコミ無責任時代になったのかもしれません。衆院解散の話はありますが、私は今年（２０１４年）中の可能性は低いと思っています。

それにしても、日本の政治家、学者、ジャーナリストの中に「日米同盟絶対主義史観」というべき硬直した考えが強くしみついていることについて、あらためて考えさせられました。

「日米同盟絶対主義史観」は、東京の政界、経済界、官界、学界、報道界にしみついています。これは驚くほど根強く東京の指導層の精神にこびりついてしまっています。

米国政府に見放された日本の政権はもたない、という固定観念も根強くあります。米国政府から嫌われた日本の政権が長く存続することは困難ですが、しかし、米国政府から嫌われたからといって、すぐに政権が倒れるわけではありません。

米国のリバランス戦略の意味

私は、日本が永久に米国政府の支配下におかれることは、どうしても納得できないのですが、私の周辺に、私の考えを「異常だ」と考える人は少なくありません。多くの東京人は、いまの日米同盟が永遠に続くことを望んでいるように感じられます。日本が独立国になることに絶望して、従属国根性がしみついてしまったようです。いまの日米同盟が永遠化することは日本が従米軍国主義国になり続けることを意味しています。

米国政府はいま「リバランス戦略」を進めています。一言でいえば、米国の建て直しです。このために世界戦略も国内政策も見直そうとしています。このリバランス戦略は米国政府のアジア政策、とくに米国の対中国政策にも変化をもたらしています。

２０１１年９月、日本政府（野田佳彦民主党政権）が尖閣国有化を強行して、日中対立時代に入りましたが、この裏側で米国政府の日本と中国を対立させる米国のアジア戦略が働いていました。米国政府は明らかに日本に日中対立をけしかけていました。日中対立によってアジア分断をはかり、アジアにおける米国の立場を強めようとしていたのです。

しかし、リバランス戦略の展開が広がるとともに、米国政府は中国との関係修復を進めています。いまの米国政府は、日本が中国と紛争状態になることを望んでいません。いまは平和を望んでいます。この動きに安倍政権が立ち遅れていることは事実です。

この米国の動きが大げさに宣伝されて「米国政府は安倍政権に見切りをつけた」との噂が流布されたのだと思います。これは幼稚な見方です。日本は米国政府の動きを正確に把握することが必要です。このうえで対応を誤ってはいけないのです。

日中関係改善が急務

２０１４年の11月は日本にとって外交の季節です。とくに日中関係の改善が急務です。私も11月には中国における日中関係に関する討論会に参加します。いままでも、日中友好のためにささやかな努力をしてきました。今後も日中友好のため微力を尽くしたいと思っています。

米国政府のリバランス戦略の展開により米中関係は変化してきています。安倍政権はこの現実を冷静に把握すべきです。以前の米国政治のアジア政策の主導権をとっていた勢力は、日中対立を望んでいましたが、いまは違います。いまの米国政府のアジア政策担当者たちは中国に接近しています。

安倍政権が、この新局面に対応できず、相変わらず強硬姿勢をとりつづけるようなことをすれば、悔いを千載に残すことになるでしょう。

日中関係は、日本にとってもっとも大切な2国間関係です。かつて加藤紘一元自民党幹事長が「日米中正三角形論」を唱えたことがあります。この時は、自民党内の日米同盟絶対主義者の大反撃に遭いましたが、加藤元幹事長の日米中正三角形論は正しいのです。

安倍政権は、いまこそ日中関係改善に真剣に取り組むべきです。少なくとも日中間に領土問題についての見解の相違が存在するという現実を認め、靖国参拝は首相在任中はしないことを、安倍首相自身が明言すべきです。日中和解はアジアの平和と繁栄に役立ちます。

「愛国主義・領土を守れ・中国脅威論」の大合唱は破滅への道だ

「愛国主義という卵から戦争が孵化する」（モーパッサン）

2012年12月号掲載

「愛国小児病を嗤う」

『月刊日本』という雑誌があります。元ラジオ日本報道部長のジャーナリスト・南丘喜八郎氏が発行人（論説主幹）です。南丘氏は、民族派の正統派の代表的論客です。

この『月刊日本』２０１２年11月号の「巻頭言」のタイトルは「愛国主義を嗤う」です。このなかで南丘氏は「愛国主義は極めて危ないものだ。……時に愛国心は統治行為と激突し、国家存立すら誤らせる。（中略）『尖閣諸島を購入する』と宣言した石原都知事は、八月の野田総理との秘密会談で『中国との戦争も辞せず』と述べたという。（中略）徒に愛国主義を弄ぶことは、厳に慎まねばならぬ。国家を滅亡に追い遣る無責任な愛国心昂揚を嗤う所以である」と述べています。正論だと思います。

同誌の「愛国小児病を嗤う」特集のなかに、亀井静香氏（衆議院議員）のインタビューがあります。亀井氏も正論を述べ、「愛国小児病」を厳しく批判しています。「領土をめぐる対立があったとしても、うまく共存することを考えなければならない。人間はそれくらいの知恵を出すべきものだ。（中略）国を愛するというのは、当たり前のことだ。誰もが持っている感情であり、いちいち取り立てて言うようなことじゃないし、一部の保守派言論人たちだけが独占するようなものじゃない。（中略）『愛国心だ、愛国心だ』と、ことさらに強調されるときには、何かよこしまな意図がある場合が多い。（中略）石原慎太郎都知事も極端な論を展開するのは控えるべきである」

亀井氏は石原氏との会談において、石原氏を厳しく批判し、決別したといわれています。

日中間の対話を拒否した野田首相と玄葉外相

外交とは、対話を通じて国際間の平和的友好関係を保ち、お互いの国益を守る政府の仕事です。しかし、野田佳彦内閣は、尖閣諸島については「領土問題はない」との理由で中国との対話を拒否する立場をとっています。この野田内閣の中国政府との対話拒否の姿勢は、日中間の全分野におよんでいます。日中関係はいまや冷戦状態です。一触即発の状況です。

野田内閣は、中国共産党大会で次の指導者を決める直前の、中国政府にとってきわめてデリケートな時期に、中国政府が強く反対していた尖閣国有化の閣議決定を強行しました。胡錦濤国家主席が野田首相に直接再考を求めた2日後の9月11日におこなったのです。この刺激的な行為が中国を怒らせました。中国首脳のなかには、日本が中国内の権力抗争に手を突っ込んできたと思った者もいたと思います。暴動的反日デモが起き、日本企業や日本人経営の商店などが破壊されました。この光景はテレビで日本に放送されました。日本人のなかに反中国・愛国主義の感情が高りました。危ない状況です。

９月中旬から下旬にかけて、私は全国各地の経済団体がおこなう講演会で講演しましたが、講演後の懇談のなかで、何人かの中小・小規模企業者から「中国に毅然とした態度をとれ！」「中国と戦争しよう！」との激しい声が出ました。石原氏の「中国との戦争を辞さず」発言は全国に広がり、石原発言の共感者が増大したのです。この頃に会った石原氏の側近は「石原さんは本気。中国と戦争する覚悟だ」と言いました。

中国側は、野田内閣の対中政策が平和友好条約締結以来の外交的対話路線から「軍事力による対立」の路線に転換したとの判断に立っています。中国で広く伝えられている情報の１つに、温家宝中国首相が野田首相に「日本は外交によって日中間の諸問題を解決するという方針をやめたのですか？　外交でやらないというのであれば、あとは軍事力しかありませんが、日本は今後は中国に軍事力で対抗するのですか？」と問うたところ、「野田首相は返答をしなかった」というのがあります。

このことは中国では広く報道されているとのことです。野田・温会談に出席したといわれている人にも取材しましたが、この対話における野田首相の沈黙について、はっきりとした否定の話は聞きません。野田首相は温首相の質問を無視したのです。しかし、中国側はこの「沈黙」を「肯定」と理解したようです。中国は、日本は今後、軍事で対抗すると考えているのです。

世界中を困惑させている日中新冷戦

玄葉光一郎外務相は2012年10月、「尖閣は日本の領土である」ことを訴えるために西欧主要国を歴訪しましたが、冷ややかに迎えられたそうです。西欧主要国からは「世界経済は厳しい。アジア経済の成長力で支えてほしい。しかし、日本と中国の対立でアジアの成長は落ちはじめた。日本と中国は協力してほしい」と言われました。これが世界の本音です。

尖閣をめぐる日本と中国の紛争に世界中が困惑しています。日本は日中関係の修復に努めるべきですが、事態は悪い方向に進んでいます。愛国小児病の蔓延が原因です。

政界、言論界を中心に「反中国・防衛力増強・愛国主義高揚」の潮流が拡大しつつあるように見えます。とくに東京の大マスコミが「反中国・愛国主義」を煽っています。かつて平和主義の担い手だった社会党の出身者すら、集団的自衛権容認と憲法改正が主流となった野田政権のもとで沈黙しています。「長いものに巻かれろ」の空気が蔓延しています。

日中両国間の対話外交に努力した前外務副大臣の山口壮氏は、今回の内閣改造で野田内閣から排除されましたが、山口氏は平和主義をとる「保守リベラル中道路線」を提唱し、「外交は対話」という基本に立って中国との対話の復活を訴えつづけています。山口氏は負けていません。山口氏のあとにつづく平和主義の政治家が増えれば、民主党を平和の政党に変えることが可能になるでしょう。戦争だけはしてはいけません。

政界はじめ東京の指導層の「自分さえよければ主義」を斬る

2012年10月号掲載

「利して利する勿れ」(『呂氏春秋』)

政治、行政など公務にあたる者は自分の利益をはかってはならない

『呂氏春秋』は秦の呂不韋(?~前235年)の著とされていますが、じつは呂不韋が多くの賓客を集めてつくらせたものともいわれています。秦の始皇帝の即位6年(前214年)に完成されました。先秦時代における知識の集大成といわれてき

た全26巻の大著です。

「利して利する勿れ」という成句は、この書の中の言葉です。「政治、行政の公務にあたる者は、国民の利益のみを考えるべきだ。自分の利益をはかってはならない」という意味です。殷王朝（前１７００年頃〜前１１００年頃）の最後の王の紂を倒して、新しく周王朝（前１１００年〜前２５６年）を建てた武王の弟、周公旦（または周公）の言葉です。この言葉は、この３０００年の間、多くの政治家が自らの規範としてきた著名な成句です。

周公旦は、武王の子の成王を助けて周の制度文物を定め、王朝の基礎を築いた聖人といわれた大人物です。孔子が理想とした人物としても知られています。周公旦は、その子が地方に赴任するとき、地方を治める手立てを教えました。これが「利して利する勿れ」です（主婦と生活社『成語大辞苑』１９９５年刊参照）。いまから３０００年以上も前の言葉ですが、いまの政治家、役人、マスコミ、経済界のリーダーが守るべき格言だと、私は思っています。

ところが、最近の政治家の精神の中に深く入り込んでしまっているのが「利して利する勿れ」と正反対の意味の「自分さえよければ主義」の思想です。「利して利する勿れ」と真っ向から対立する生き方です。由々しきことだと思います。

野田政権の底に「自分さえよければ主義」

野田民主党政権、とりわけ野田佳彦首相と輿石東幹事長は「解散・総選挙の時期をいかに先延ばしするか」のみを目的とする政治をおこなっているようにみえます。たとえば衆議院の「一票の格差」の問題への対応です。この格差是正をおこなわなければ、衆院解散・総選挙をおこなっても違憲状態での衆院選になってしまいます。もしも違憲状態のまま衆院選をおこない、そのあとで最高裁が違憲判決をすれば、政治は大混乱に陥ります。このような状況を回避するには、最低でも「一票の格差」是正を解散の前におこなわなければなりません。

ところが、野田首相と輿石幹事長は選挙法改正の審議を民主党単独ではじめてしまいました。野党を突っぱねてしまいました。明らかに暴走をはじめたのです。選挙制度を与党単独で決めるというのは独裁政治です。許されることではありません。しかも、民主党単独では参議院での成立は望めません。この民主党の暴挙は、解散を先延ばしするために、選挙法改正を潰して、解散・総選挙ができない状況にしようとの意図のもとにおこなっている、と政界では受け止められています。野田首相、輿石幹事長ら民主党執行部は「自分さえよければ主義」を露骨に出しはじめたようにみえます。

民主党幹部は政治家の魂を捨ててしまったのか

さらに、野田首相と輿石民主党執行部は２０１２年８月24日午前の衆院財務金融委員会で、赤字国債発行に必要な特別公債法案を強引に採決して民主党の賛成多数で可決しました。この法案は野田政権と民主党執行部が早期成立を強く願っていた法案です。ところが、衆議院で強引に採決した結果、野党の協力が得られなくなりました。野党の協力がなければ、この法律は参議院で否決される可能性大です。民主党は自らこの法律の成立を難しくしているのです。自分で壊しはじめたのです。

なぜ、このような愚かなことをおこなうのでしょうか。誰もが気づいています。野田首相と輿石幹事長は解散・総選挙を先のばししようとしているのだと思います。

一日でも長く民主党政権を維持したい。一日でも長く国会議員をやっていたい。すなわち「自分さえよければ主義」なのです。民主党は「利して利する勿れ」の政治家の魂を捨ててしまったのでしょうか。そうだとしますと、由々しきことです。

「自分さえよければ主義」を克服できなければ日本の将来はあやうい

野田内閣は、外交でも冒険主義を冒そうとしています。野田首相は、李明博韓国大統領の異常な言動に対する日本国民の怒りを利用して、日本国内の反韓国・反中国・反アジアの狭いナショナリズムの感情を刺激して、民主党政権の復活をめざしているとの見方が広がっています。野田政権の対韓国、対中国外交には長期的展望がありません。両国との関係改善のプランも見通しもなく、行き当たりばったり主義で対決的に動いています。長期的展望がないまま、泥仕合になれば東北アジアの平和は維持できなくなるおそれがあります。ここにも野田内閣と民主党の「自分さえよければ主義」が働いているように感じます。政府は外交を人気回復に利用してはなりません。

東京の政界、経済界、官界、マスコミ界、学界に蔓延する「自分さえよければ主義」を克服できなければ、日本の将来はあやういと考えざるをえません。いまこそ「自分さえよければ主義」への思想闘争を挑まなければならないと思います。「自分さえよければ主義」の発想は、もともとは日本の政治家にはなかった思想です。ところが、１９７０年代後半から１９８０年代にかけて英国と米国で新自由主義、競争至上主義の政権が生まれました。マーガレット・サッチャー政権とロナルド・レーガン政権です。新自由主義、競争至上主義はレーガン政権主導のもとに世界の全域に広がりました。新自由主義のグローバル化でした。

新自由主義の芯にある思想が「自分さえよければ主義」です。「自分さえよければ主義」が全世界の指導層をとらえました。ここに今日の世界の危機の本質があるのです。「自分さえよければ主義」の克服こそ今日の政治の中心課題です。

しのび寄るニヒリズムへの警鐘

2012年9月号掲載

「ニヒリズムから脱皮しようと試みなかった思想家が一人でもいただろうか。ニヒリズムに堪えうるほどの人間はいないのだ」（唐木順三）

「創造なき虚無主義」の拡大

「いま日本においてニヒリズム（虚無主義）が広がっている」との私の見方に驚かれる方は少なくないと思います。しかし、実際にニヒリズムは拡大しています。驚くほどの広さと深さをもって、人々の心をとらえています。

２０１２年夏、『「橋下徹」ニヒリズムの研究』という著書を出しました。ほぼ40年前に著述業者となってから53冊目になります。今回の著書を企画したのは東洋経済新報社出版部の編集者でした。その編集者に会ったとき、最初に「森田さんに橋下徹論を書いていただきたい。森田さんの橋下徹論を聞きたい。橋下徹氏の本質はなんだと思いますか？　橋下徹氏というのは何者なのですか？」と言われました。

私は、「橋下徹氏の本質はニヒリズムだと思っています。創造なき破壊主義者だと思っています。創造なき破壊をやたらに好む政治家やマスコミが増えています。橋下氏はニヒリズムを信奉するマスコミ人の大連合のリーダーだと思います」と答えました。そこで、私の本の出版が決まったのです。

１９４５年の第２次世界大戦の終了直後に、日本におけるニヒリズムが一時注目されたことがありました。しかし、この時期、すなわち第２次大戦後の復興と成長をめざす時代においては、ニヒリズムは少数派でした。

１９７０年代初期以後、日本におけるニヒリズムは、あまり話題にならなくなりました。ところが、現実にはニヒリズムは急速に拡大しました。ニヒリズムが話題にならなくなったのは、ニヒリズムが下火になったからではないのです。逆です。ニヒリズムが多数派の思想となった結果、ニヒリズムが異常な思想と見られなくなったのです。

戦後67年がたちました。激動の敗戦直後の復興期にもニヒリズムはありました。創造なき破壊願望のようなものもありました。しかし、これは少数派でした。当時の日本国民にとって生活再建が主たる願いでした。創造主義が勝ったのです。

次が高度成長期でした。日本経済が急速に成長した時期でした。政府が所得倍増政策をとりました。たしかに賃金は上がりました。物価も上がりました。悪いことでは、公害が大きくなりました。そんな状況下でニヒリズム的思考は大学生を中心に急速に広がりました。これが爆発したのが、1968年から1970年にかけて全国の大学で吹き荒れた大学紛争でした。この大学紛争のなかで、ニヒリズムは成長し、拡大しました。創造主義に反する目標なき破壊願望が拡大しました。その後の第1次石油危機を契機とする高度成長の終焉によって、ニヒリズムはさらに拡大したのです。

アメリカは日本の経済までも植民地化

１９７０年代を通じて世界の先進諸国内では「修正資本主義・社会民主主義」と「自由主義・競争至上主義」が激しく争いました。このなかでイギリスにおいてマーガレット・サッチャー首相による自由主義革命が起きました。２年後、アメリカにおいてロナルド・レーガン大統領による新自由主義革命が起こりました。米・英を中心とする新自由主義勢力が世界の主導権をとり、１９８０年代から１９９０年代にかけて新自由主義は世界資本主義を動かす政治路線になりました。

日本においては１９８０年代の中曽根康弘内閣が新自由主義革命を推進しました。日本は１９４５年のポツダム宣言受け入れによって、米軍の占領下におかれました。１９５１年のサンフランシスコ条約によって日本は形式的に独立しましたが、実質的にはアメリカ政府の従属国のままでした。１９８０年以後、対米従属の構造は強まりました。こういう状況のなかで、日本の未来に絶望する者が増えてきたのです。

１９５２年の日本の形式的独立後、１９７０年代までは、主として安全保障を中心に日本はアメリカの従属下におかれました。ところが１９８０年代以後、日本は経済面でもアメリカの従属下におかれました。１９７０年代までは安全保障を米軍の指揮下におくだけで、経済は自立していました。しかし、いまアメリカは日本の経済までも植民地化しているのです。

アメリカへの従属がニヒリズムを拡大させた

政治も軍事も、そして経済までもアメリカの従属国になるとともに、日本のニヒリズムは急激に拡大しました。その過程で、日本の政界のニヒリストたちはアメリカへの依存心を強く抱くに至りました。さらに、１９８０年以後、アメリカから強く求められた新自由主義革命と結合しました。日本にはこれからはアメリカに従属して、アメリカの首にぶら下がって生きていく以外に道はないと、あきらめの気持ちをもつ人々が増えました。日本の未来への絶望感が、１９７０年代を通じて広がったニヒリズムと結びついたのです。

その過程で、ニヒリズム的情念をもった政治家が、アメリカ的自由主義革命を推進するスターとして登場してきました。私は、１９９０年代の改革派のスターの小沢一郎氏、２０００年代の改革派のスターの小泉純一郎氏、そしてポスト小泉時代の改革派の大スターの橋下徹氏は、本質的にはニヒリストだとみています。これらニヒリストを、ニヒリズムの温床となった東京のマスコミの編集者たちが応援したのです。小沢、小泉、橋下三氏は、ニヒリズムを隠すため、自由主義的改革の衣をまとったのです。

長期不況のなかで多くの人々が絶望しています。政治の混迷を見て、政治への期待感を捨ててしまう人々が増えています。あきらめ、絶望、自暴自棄が国民の間に広がっています。このニヒリズムの打破こそ政治の第一義的課題だと私は考えています。ニヒリズムの克服はきわめて困難です。しかし、ニヒリズムの克服なしに日本再生はないと思います。

あとがき

【Ⅰ】昔、といっても三十数年前のことですが、法務大臣をした秦野章氏が「政治家に道義を求めるのは八百屋に行って魚をくれと言うようなもの」と、皮肉交じりに語った言葉が一時、流行語となりました。私は秦野氏と会ったことがありますが、道義的に優れた立派な人格者でした。秦野氏は政治家に道義を守るべきことを求めたのです。「政治家に道義をきびしく求めるのは無駄なことだ」と言うジャーナリストは少なくありませんが、同じことがジャーナリストにも言えることだと思います。ジャーナリストを職業とする者は、政治家以上に道義をきびしく守らなければなりません。なぜなら、ジャーナリズムの役割の1つは国民の側に立って権力を監視し、批判することだからです。批判者は、批判される対象以上のきびしい道義を求められるのは当然です。しかし、道義を軽視したり、道義に反する行動をとるジャーナリストが少なくない現状は認めざるをえません。日本のジャーナリズムの道義心向上が必要とされています。

政治家のあり方に話を戻します。政治家は道義の面で優れていなければなりません。私は長い間、政治家の資質について、3つの要素を強調してきました。第1は道義的に優れていること、第2に知性において優れていること、第3に一般の大衆とともに同じ目線で生きていること、です。この3要素は、とくに指導的政治家であるための最低条件です。

私が政治指導者は高い倫理性を身につけていなければならないと強く主張しているのは、政治の目的が善の追求にあるからです。政治学の元祖のアリストテレスは、「政治の目的は最高善を実現することにある」と述べましたが、「最高善」とは「人民大衆の幸福」です。政治は「善の中の善」すなわち「最高善」の実現を目的としているのです。

最高善の追求者である政治指導者は、高い道義の持ち主でなければならないのです。そうでなければ、人民大衆の信頼を得ることはできません。高い倫理性をもつことは指導的政治家の基本条件です。「森田実の永田町に喝！」の第1の精神は、ここにあります。

【Ⅱ】人類は、人類社会を発展させるために諸々の活動をしてきました。「営み」と言ってもよいと思います。これらの諸々の営みの中には、宗教、科学、文化、学問などとともに政治、経済があります。これらの諸々の営みの目的は、人類社会の中に「善」をしっかりと根付かせることでした。

人間の歴史はつねに「善」と「悪」との闘いでした。「悪」は「善」にぴったりと付いています。表と裏の関係になっています。「悪」は人類から離れることのない人類のなかにしみついた一種の病根です。「善」と「悪」との闘いにおいて「善」が勝利するのは稀で、多くの場合「悪」のほうが強いのです。現代、人類は「合理主義」を基本にして生きています。しかし「合理主義」は「非合理主義」につねに押しつぶされてきました。人類が頼りにする「合理主義」は、あたかも非合理主義の真っ暗な広大な海に浮かぶ小さな舟のようなものです。海が荒れればいつ転覆してしまうかわかりません。人類の営みのなかで政治はもっとも重要なものです。政治が一貫して「善」を貫くことによって「悪」に対抗できます。それだけに政治の腐敗は「悪」に屈服するのと同じことです。政治が「善」を貫くためには、政治家は「悪」と戦いつづけなければならないのです。

私が政治家の道義にきびしい態度をとるのは、以上のような認識にもとづいています。

【Ⅲ】去る2017年10月22日の衆院選の結果、いまの日本には自公連立政権以外に政権を担うことのできる政治勢力は、（残念なことですが）存在しません。分裂し分解した野党には、安倍晋三政権の暴走を止める力もありません。これも残念なことです。安倍総理は、自民党結党以来の悲願である憲法改正を自らの手で為し遂げたいという強い野心がある、と私はみています。安倍総理が「希望」、「維新」両党の支持を得て憲法改正に向かって挑戦する時、この動きを止めることができるのは公明党のみです。安倍総理が提唱している憲法第９条に「自衛隊」を書き加えることによって憲法で自衛隊の合憲性を明確にするとの改正には、公明党内には賛否両論あるとのことですが、公明党には「第９条は改正しない」との立場を貫いてほしいと私は強く願っています。

公明党が憲法第９条の改正に反対した時、安倍総理が連立政権の組み替えをおこない、自民・希望・維新の新連立に踏み切る、との見方が、自民党内、公明党内の一部にあるようです。しかし、これは、公明党を安倍総理の考えに同意させるための一種のブラフのようなものであり、真面目なものではないと思います。自民党が今後、政権の座にありつづけるためには公明党と支持組織との選挙協力はなくてはならないものです。自民党政権にとって自公選挙協力は生命線なのです。自民党が政権の枠組みを変えるということは、ほとんどジョークに等しい話だと思います。自民党が公明党というパートナーを失えば、自民党政権は崩壊するでしょう。

安倍総理の憲法改正への暴走を止めることができるのは公明党です。公明党だけなのです。野党はほとんど無力で役に立たないのです。公明党が日本の進路を決めるキャスティングボートを握っているのです。平和を愛する日本国民にとって公明党は非常に大切な存在です。全国民が公明党を支援すれば、憲法第９条の改正は阻止できます。

【Ⅳ】最近のアジアの状況は「独裁者たちの狂宴」の時代に入ったようにみえます。ドナルド・トランプ米大統領、習近平中国主席、ウラジミール・プーチン露大統領、金正恩北朝鮮委員長は独裁的政治指導者です。いずれの国も軍事力増強を急いでいます。戦争の準備をしています。

去る10月22日の衆院選における大勝利によって安倍総理は、これら独裁者たちの宴のなかに入ることが可能となりました。トランプ、習近平、プーチン、金正恩、安倍の〝5独裁者時代〟が到来したといって過言ではないと思います。安倍総理はトランプ米大統領に従属し一体化しつつ、防衛力増強に努めるとともに、憲法改正に着手することによって国際的な発言力強化を狙っています。

アジアの緊迫した情勢が、日本の軍国主義化を促進させようとしています。しかし、この道は阻止しなければなりません。日本が進むべきは平和です。国際協調です。安倍総理には、公明党の側に立って平和の政治家になってほしいと願います。このような状況下で、いかに戦争を回避し、平和を守り抜くかが、日本のすべての政治家の課題です。公明党と自民党内のハト派の安倍政権内の平和勢力の役割は重大だと思います。いまは憲法改正の時ではありません。いまやるべきは選挙制度の改正です。絶対得票率25％で絶対的権力ができるような歪んだ選挙制度はあらためるべきです。

本書の出版にあたっては、財界さっぽろ代表取締役社長・舟本秀男氏ならびに編集局長・鈴木正紀氏のお世話になりました。両氏は『財界さっぽろ』誌上の「森田実の永田町政治に喝！」の連載を通じて、なにかとお世話になっている恩人です。さらに本書の刊行にあたり多くの方々にご尽力いただきました。みなさまに深く感謝いたします。

２０１７年11月

森田　実

森田 実（もりた・みのる）

1932年（昭和7年）、静岡県伊東市生まれ。評論家・山東大学名誉教授・東日本国際大学客員教授。東京大学工学部卒業。日本評論社出版部長、『経済セミナー』編集長などを経て、1973年に政治評論家として独立。著作・論文を著す一方、テレビ・ラジオ・講演などで評論活動をおこなっている。

森田実の永田町政治に喝！

2017年12月1日　初版第1刷発行

著　者　森田 実
発行者　舟本 秀男
発行所　株式会社 財界さっぽろ
〒064-8550
札幌市中央区南9条西1丁目1-15
電話　011-521-5151（代表）
ホームページ　http://www.zaikaisapporo.co.jp

印刷所　大日本印刷株式会社

ISBN 978-4-87933-522-7